高等职业教育工业互联网技术系列教材

工业互联网技术基础

主　编　彭振云　魏　磊　张得煜
参　编　赵春燕　吉燕燕　高　毅

机械工业出版社
CHINA MACHINE PRESS

本书围绕国家工业互联网产业发展政策，遵循工业互联网产业联盟制定的技术规范，按照企业对工业互联网从业人员的实际需求，以校企"双元"合作开发形式编写而成。本书以工业互联网平台边缘层、PaaS 层和应用层为框架，以工业大数据采集、治理和应用开发为核心，以工业互联网发展背景、技术体系、安全防护和应用模式为补充，对工业互联网技术进行了详细介绍。本书通过理论讲解和案例示范，让学生理解工业互联网是什么，体会工业互联网能做什么，为将来从事工业互联网技术相关工作奠定坚实的基础。

本书可作为高等职业院校工业互联网应用、工业互联网技术和智能控制技术等专业的教材，也可作为职工大学、成人教育的教材，还可供工程技术人员参考阅读。

本书配有电子课件，凡使用本书作为教材的教师可登录机械工业出版社教育服务网 www.cmpedu.com 注册后下载。咨询电话：010-88379375。

图书在版编目（CIP）数据

工业互联网技术基础／彭振云，魏磊，张得煜主编. —北京：机械工业出版社，2024.2（2025.1重印）
高等职业教育工业互联网技术系列教材
ISBN 978-7-111-75227-1

Ⅰ.①工…　Ⅱ.①彭…②魏…③张…　Ⅲ.①互联网络-应用-工业发展-高等职业教育-教材　Ⅳ.①F403-39

中国国家版本馆 CIP 数据核字（2024）第 046219 号

机械工业出版社（北京市百万庄大街 22 号　邮政编码 100037）
策划编辑：薛　礼　　　　　　责任编辑：薛　礼
责任校对：高凯月　陈　越　　封面设计：王　旭
责任印制：郜　敏
中煤（北京）印务有限公司印刷
2025 年 1 月第 1 版第 2 次印刷
184mm×260mm・15 印张・311 千字
标准书号：ISBN 978-7-111-75227-1
定价：49.80 元

电话服务　　　　　　　　　　　网络服务
客服电话：010-88361066　　　　机　工　官　网：www.cmpbook.com
　　　　　010-88379833　　　　机　工　官　博：weibo.com/cmp1952
　　　　　010-68326294　　　　金　书　网：www.golden-book.com
封底无防伪标均为盗版　　　　　机工教育服务网：www.cmpedu.com

高等职业教育工业互联网技术系列教材编委会

主　任　　彭振云　　　　苏州百年职业学院

副主任　　杨宝刚　　　　用友网络科技股份有限公司
　　　　　　张　鑫　　　　天津宜科自动化股份有限公司
　　　　　　陈彪彪　　　　湖北工程职业学院
　　　　　　李德尧　　　　湖南工业职业技术学院
　　　　　　段文燕　　　　天津职业大学

秘　书　　薛　礼　　　　机械工业出版社有限公司
　　　　　　赵春燕　　　　苏州百年职业学院

委　员（以姓氏拼音为序）
　　　　　　曹小兵　　　　无锡职业技术学院
　　　　　　段义隆　　　　湖南工业职业技术学院
　　　　　　高婷婷　　　　浙江服装纺织职业技术学院
　　　　　　洪　晟　　　　北京航空航天大学
　　　　　　刘文军　　　　苏州工业职业技术学院
　　　　　　刘子坚　　　　金华职业技术学院
　　　　　　吕亚男　　　　苏州工业职业技术学院
　　　　　　倪国富　　　　天津宜科自动化股份有限公司
　　　　　　裴江红　　　　重庆工业职业技术学院
　　　　　　邱晓华　　　　金华职业技术学院
　　　　　　石　刚　　　　中国科学院沈阳自动化研究所
　　　　　　唐昭琳　　　　南宁师范大学
　　　　　　魏　磊　　　　苏州百年职业学院
　　　　　　张春峰　　　　沈阳智能机器人创新中心有限公司
　　　　　　张得煜　　　　苏州百年职业学院

前　言

为了贯彻落实党的二十大精神，响应国家现代职业教育高质量发展的号召，适应工业互联网产业的发展，配合高等职业院校课程建设和专业建设工作，我们组织编写了本书。

以新一代信息技术为驱动的数字浪潮正深刻重塑经济，加快了第四次工业革命的孕育与发展。工业互联网是实现这一数字化转型的关键路径，是第四次工业革命的发展基石。工业互联网产业发展不仅迫切需要大量相关工程领域的技术技能人才，也要求对职业院校学生和相关行业从业人员开展工业互联网普及教育，培养工业互联网"网民"意识。

本书首先简要介绍了工业互联网产生的背景，由浅入深介绍了工业互联网的基本概念和技术框架，然后由粗到细着重讲解了工业互联网的主要形态——工业互联网平台。工业互联网平台是工业互联网的入口和应用载体，工业互联网设计、开发、部署、运维和使用等工作都是围绕工业互联网平台进行的，因此，了解和掌握工业互联网平台对职业院校学生来说至关重要。本书还着重介绍了工业互联网平台中与工业大数据相关的核心内容。边缘层重点讲解工业大数据的采集方法，PaaS 层详细介绍工业大数据预处理、建模和可视化过程，应用层则着重演示工业 App 的开发流程。最后，本书对工业互联网安全进行了全面介绍，对工业互联网应用模式进行了归纳性总结，学生可对工业互联网技术和应用有更系统和全面的认识。

本书的主要特点如下：

1) 理论知识和实践案例相辅相成。本书以体系架构为统领，以数据治理为主线，以平台应用为落脚点，系统介绍了工业互联网的理论知识。同时，针对工业互联网平台部署、数据采集、数据治理和工业 App 开发等要点，分别用实际案例或产品进行示范，使理论言之有物，让学生易学易练。

2) 素质教育和知识传授融会贯通。发展工业互联网早已被列入国家战略，职业院校毕业生大部分将会在工业互联网环境下工作，本书在知识讲述中不断鼓励学生投身实体经济，为我国经济数字化转型做出贡献。

本书由彭振云、魏磊、张得煜任主编，赵春燕、吉燕燕和高毅参与了编写。彭振云负责全书的构思和统稿。编写分工为：第1章由张得煜编写，第2章由吉燕燕、彭振云和张得煜编写，第3章由吉燕燕和高毅编写，第4章由赵春燕编写，第5章由魏磊编写，第6章由张得煜和彭振云编写，第7章由张得煜编写。本书在编写过程中得到了天津宜科自动化股份有限公司的大力支持，在此表示衷心感谢！

由于编者水平有限，书中错误和不妥之处在所难免，欢迎读者批评指正。

联系人：彭振云，联系邮箱：pengzhenyun@tsinghua.org.cn。

编　者

二维码索引

名称	二维码	页码	名称	二维码	页码
IoTHub 的安装		023	S7 协议下 IoTHub 平台与 PLC 的通信		078
IoTHub 界面的介绍		027	Modbus TCP 协议下 IoTHub 平台与 PLC 的通信		094
EDGE-A5 系列边缘网关		054	线性回归基本原理		110
配置 EDGE-A5 系列边缘网关		067	随机森林原理和常用方法		111
启动协议驱动控制器 Agent Controller		073	数据预处理的基本方法		119

（续）

名称	二维码	页码	名称	二维码	页码
特征工程		120	认识 AppDesigner		141
KDE 图及其绘制方法		122	AppDesigner 常用组件介绍		143
变量相关性矩阵		124	AppDesigner 编辑与预览		147
使用 pyecharts 对数据可视化		129	AppHub 应用管理		152
什么是工业 App		135	工业控制安全		170

目 录

前 言
二维码索引

第 1 章 工业互联网概述 / 001

1.1 工业互联网产生的背景 / 001
- 1.1.1 工业革命的历程 / 001
- 1.1.2 工业与互联网 / 002
- 1.1.3 我国制造业的机遇和挑战 / 005
- 1.1.4 工业互联网的提出背景 / 006

1.2 工业互联网的基本概念 / 009
- 1.2.1 工业互联网的内涵 / 009
- 1.2.2 工业互联网的特征 / 011
- 1.2.3 工业互联网的作用 / 013

1.3 工业互联网技术框架 / 013
- 1.3.1 工业互联网体系架构 / 014
- 1.3.2 工业互联网技术体系 / 014
- 1.3.3 工业互联网标准体系 / 014

第 2 章 工业互联网平台 / 015

2.1 工业互联网平台的基本概念 / 015
- 2.1.1 工业互联网平台的定义 / 015
- 2.1.2 工业互联网平台的关键功能 / 016
- 2.1.3 工业互联网平台的部署实施 / 018

2.2 工业互联网平台实例——宜科 IoTHub / 020
- 2.2.1 IoTHub 的主要功能 / 021
- 2.2.2 IoTHub 的部署实施 / 022
- 2.2.3 IoTHub 的操作界面 / 027
- 2.2.4 IoTHub 用户的创建 / 034
- 2.2.5 登录和退出 IoTHub / 044

2.3 工业互联网平台发展现状 / 045
- 2.3.1 国外工业互联网平台 / 046
- 2.3.2 国内工业互联网平台 / 048

第3章
边缘层与工业大数据采集 / 052

3.1 边缘层的关键设备和技术 / 052
3.1.1 边缘网关 / 052
3.1.2 可编程逻辑控制器 / 057
3.1.3 工业现场总线协议 / 061

3.2 工业大数据采集的主要方式 / 063
3.2.1 传感器 / 064
3.2.2 RFID / 065
3.2.3 条码 / 066
3.2.4 其他方式 / 066

3.3 工业大数据采集实例 / 067
3.3.1 配置边缘网关 / 067
3.3.2 安装协议驱动控制器 / 073
3.3.3 从西门子 S7-1200 PLC 采集设备数据 / 078
3.3.4 从松下 FP-XH C60ET PLC 采集设备数据 / 094

第4章
PaaS 层与工业大数据治理 / 106

4.1 工业互联网 PaaS 层概述 / 106

4.2 工业大数据与机器学习 / 108
4.2.1 工业大数据的基本概念 / 108
4.2.2 机器学习的基本概念 / 109
4.2.3 常用的机器学习方法 / 110

4.3 工业大数据治理项目实例 / 114
4.3.1 注塑成型系统机理 / 114
4.3.2 基于大数据治理的虚拟量测原理 / 115

4.4 工业大数据预处理 / 117
4.4.1 数据预处理相关技术 / 117
4.4.2 使用 Python 处理工业大数据 / 118

4.5 预测模型的建立 / 123
4.5.1 大数据建模的基本方法 / 123
4.5.2 基于实例数据的建模 / 124

4.6 工业大数据可视化 / 127
4.6.1 数据可视化的相关技术 / 127
4.6.2 注塑成型过程数据可视化 / 129

第 5 章 应用层与工业 App 开发 / 134

5.1 工业 App 的基本概念 / 134
5.1.1 工业 App 的产生背景 / 134
5.1.2 工业 App 的定义 / 135
5.1.3 工业 App 的典型特征 / 136
5.1.4 工业 App 与消费 App 的联系与区别 / 137
5.1.5 工业 App 的发展趋势 / 138

5.2 工业 App 开发工具 / 140
5.2.1 AppDesigner 简介 / 141
5.2.2 工业 App 的组件 / 143
5.2.3 工业 App 编辑与预览 / 147
5.2.4 工业 App 多媒体管理与属性设置 / 150
5.2.5 工业 App 发布与管理 / 152

5.3 工业 App 开发示例 / 156
5.3.1 创建工业 App / 156
5.3.2 安装部署环境 AppHub / 158
5.3.3 添加 App 到 AppHub / 158
5.3.4 工业数据的读写 / 159
5.3.5 工业 App 实例 / 161

第 6 章 工业互联网安全 / 163

6.1 工业互联网面临的安全挑战 / 163
6.1.1 总体挑战 / 163
6.1.2 具体挑战 / 164
6.1.3 应对思路 / 165

6.2 工业互联网安全框架 / 165
6.2.1 安全框架的构成 / 165
6.2.2 防护对象视角 / 166
6.2.3 防护措施视角 / 167
6.2.4 防护管理视角 / 167

6.3 工业互联网安全防护措施 / 169
6.3.1 设备安全 / 169
6.3.2 控制安全 / 170
6.3.3 网络安全 / 171

　　　　　　　　　6.3.4　应用安全 / 172

　　　　　　　　　6.3.5　数据安全 / 173

　　　　　　6.4　**工业互联网安全防护解决方案实例** / 174

　　　　　　　　　6.4.1　工业互联网平台安全综合防护系统 / 174

　　　　　　　　　6.4.2　钢铁行业工业互联网安全防护解决方案 / 175

第 7 章
工业互联网
应用 / 180

　　　　　　7.1　**数字化管理** / 180

　　　　　　　　　7.1.1　"平台+数字化管理"的特征 / 180

　　　　　　　　　7.1.2　典型应用场景 / 181

　　　　　　7.2　**平台化设计** / 182

　　　　　　　　　7.2.1　"平台+数字化设计"的特征 / 182

　　　　　　　　　7.2.2　典型应用场景 / 183

　　　　　　7.3　**智能化生产** / 183

　　　　　　　　　7.3.1　"平台+智能化生产"的特征 / 184

　　　　　　　　　7.3.2　典型应用场景 / 184

　　　　　　7.4　**网络化协同** / 186

　　　　　　　　　7.4.1　"平台+网络化协同"的特征 / 186

　　　　　　　　　7.4.2　典型应用场景 / 187

　　　　　　7.5　**个性化定制** / 189

　　　　　　　　　7.5.1　"平台+个性化定制"的特征 / 189

　　　　　　　　　7.5.2　典型应用场景 / 191

　　　　　　7.6　**服务化延伸** / 192

　　　　　　　　　7.6.1　"平台+服务化延伸"的特征 / 192

　　　　　　　　　7.6.2　典型应用场景 / 193

附　录 / 195

　　　　　　附录 A　**工业互联网体系架构** / 195

　　　　　　附录 B　**工业互联网技术体系** / 208

　　　　　　附录 C　**工业互联网标准体系** / 210

　　　　　　附录 D　**2022 年跨行业跨领域工业互联网平台名单** / 220

　　　　　　附录 E　**2022 年特色专业型工业互联网平台名单** / 221

参考文献 / 225

第 1 章
工业互联网概述

人类社会已经经历了三次工业革命,目前已迎来第四次工业革命,而工业互联网正是第四次工业革命的基石。本章通过梳理工业革命、互联网和制造业的发展历程和现状,讲解工业互联网的产生背景和过程;从内涵、特征和应用三个维度回答工业互联网是什么这个问题;最后简要介绍工业互联网的技术框架,包括体系架构、技术体系和标准体系。通过本章的学习,读者应理解工业互联网在推动我国制造业转型发展中的重要性,树立制造强国的使命感和责任感。

1.1 工业互联网产生的背景

1.1.1 工业革命的历程

四次工业革命的主要特征如图 1-1 所示。

第一次工业革命
机械化,工厂

第二次工业革命
电气化,大规模生产线

第三次工业革命
自动化,计算机辅助生产

第四次工业革命
数字化、网络化、智能化

图 1-1 四次工业革命的主要特征

第一次工业革命是以蒸汽机为代表的"蒸汽时代"。1765 年,瓦特改进了蒸汽机,并于 1769 年取得专利,1776 年开始在船舶上采用蒸汽机作为推进动力。第一次工业革命解决了"人力效率低下和动能不足的问题"。

第二次工业革命是以发电机为代表的"电力时代"。1831 年,法拉第发明了世界上第一台发电机。1866 年,德国人西门子制成了世界上第一台工业用发电机,标志着电力开始在工业生产中大规模应用。第二次工业革命解决了"规模化和生产成本之间的矛盾"。

第三次工业革命是以计算机为代表的"信息时代"。从 1946 年美国发明第一台计算机开始，直到当今互联网时代，信息化一直处于快速发展阶段。第三次工业革命实现了"解放人的体力劳动和替代人的部分脑力劳动"。

第四次工业革命是虚实融合的"数字时代"，以 2012 年美国 GE 公司发布的白皮书《工业互联网：打破智慧与机器的边界》、2013 年德国提出的"工业 4.0"战略、2015 年中国提出的"中国制造 2025"为标志，其驱动力是客户的个性化需求。定制化的生产技术、复杂的流程管理、庞大的数据分析、决策过程的优化、行动的快速执行构成了第四次工业革命的主体。

1.1.2 工业与互联网

1. 工业制造的概念

工业制造又称制造业，是指将制造资源按照市场要求，通过制造过程转化为可供人们使用和利用的大型工具、工业品或生活消费产品的行业。制造业的强弱是一个国家生产力水平的直接体现，是区别发展中国家和发达国家的重要因素。制造业是我国经济增长的主导产业，也是经济转型的基础；制造业是我国城镇人口就业的主要渠道，也是国际竞争力的集中体现。以电子制造业为例，改革开放之后，在党的领导下，我国已经形成世界上产销规模最大、门类较为齐全、产业链基本完善的电子工业制造体系，电子制造行业的企业数量、整体销售额都位居电子信息制造业前列，为国民经济发展和国防建设做出了重要贡献。

根据在生产中使用的物质形态的不同，制造业可划分为离散制造业和流程制造业。离散制造业所生产的产品往往由多个零件经过一系列并不连续的工序的加工最终装配而成。典型的离散制造行业主要包括机械制造、电子电器、航空制造和汽车制造等。流程制造业通过一系列的加工装置使原材料进行化学或物理变化，最终得到产品。典型的流程制造行业有医药、化工、石油化工、电力、钢铁制造、能源和水泥等。

制造业流程包括产品设计、原料采购、设备组装、仓储运输、订单处理、批发经营和零售等。按照技术的先进程度，制造业又分为先进制造业和传统制造业。相对于传统制造业，先进制造业不断融合了电子信息、计算机、机械、材料以及现代管理技术等方面的新成果，并将这些先进制造技术综合应用于产品的研发设计、生产加工、在线检测、营销服务和管理的全过程，以实现优质、高效、低耗、清洁、灵活生产，即实现信息化、自动化、智能化、柔性化、生态化生产，取得了很好的经济收益和社会效益。

先进制造业的基本特点体现在先进制造技术、先进制造模式两个方面。其中，先进制造技术的主要特点是技术融合与系统集成，先进制造模式更多地是考虑信息化技术的应用。先进制造技术与传统制造技术的特点如下：

1) 先进制造技术的基础是优质、高效、低耗、无污染或少污染工艺，并在此基础上实现优化及与新技术的结合，形成新的工艺与技术。

2）传统制造技术一般单指加工制造过程的工艺办法，而先进制造技术覆盖了从产品设计、加工制造到产品销售、使用、维修的整个过程。

3）传统制造技术一般只能驾驭生产过程中的物质流和能量流，随着信息技术的引入，先进制造技术成为能驾驭生产过程中的物质流、能量流和信息流的系统工程。

4）传统制造技术的学科和专业单一，界限分明，而先进制造技术的各专业、学科、技术之间不断交叉、融合，形成了综合、集成的新技术。

可以肯定的是，先进制造业是制造业的发展方向，先进制造业将在我国第四次工业革命中发挥重要作用，将引领我国制造业走出一条发展新路，支撑起我国国民经济发展和国防建设。加快发展先进制造业意义重大，影响深远。

2. 互联网的由来

1946 年，在美国诞生了第一台电子计算机。很快，科学界、军方都认识到，这是一种神奇的机器。它既是强大的运算器，也是分析机，为新型火炮系统、导弹系统在运动轨迹等方面的复杂运算和系统控制提供了强大支撑。

1969 年，互联网的前身阿帕（ARPA）网诞生了。ARPA 网最初的目的是把美国大学研究所的计算机连接起来，实现资源共享。这个网络把加利福尼亚大学、斯坦福大学、犹他州立大学的计算机主机连接起来，位于各个节点的大型计算机采用分组交换技术，通过专用的通信设备和线路相互连接。

分组交换技术将计算机要传输的数据分割成一个个标准大小的数据包，然后给每个数据包加上发送地址等传送信息发送出去。它使通信传输的"内容"变得极其标准化，同时又可以根据信道堵塞情况自动选择"绕行路由"，到达目的地后再"恢复原状"并"比对核验"。这样的通信网络获得了前所未有的自由度和高效率。

最初的阿帕网只在 4 个大学设立了节点。一年后，阿帕网扩大到 15 个节点，众多的计算机被快速"编织入网"，平均每 20 天就有一台大型计算机登录网络。1973 年，阿帕网跨越大西洋，利用卫星技术与英国、挪威实现连接，世界范围的"登录"开始了。

问题也随之而来。不同的国家、不同的领域以及一个国家内不同的地区、不同型号的计算机都有自己独特的控制语言和计算机文件的组织方式，而这些结构的差异使任何两台不同型号的机器之间都无法展开合作。如何让这些使用不同"语言"（协议）的内部网互相接纳，形成统一的网络呢？历时 10 年，在众多网络通信协议中，TCP/IP（传输控制协议/互联网协议）最终胜出，于 1983 年成为全球共同遵循的网络传输控制协议，并使用至今。TCP/IP 定义了电子设备如何连入因特网，以及数据如何在它们之间传输的标准。从此，全世界所有的计算机终于有望构建起一座攀登人类信息文明高峰的"通天塔"。它的出现也让阿帕网寿终正寝。

获得了全球共同语言的互联网在此后相当长的时间里并不属于普通人，因为在这个新生的网络世界里，只有专业人士才能通过复杂的代码程序前往特定的地方、捕捉特定的信息。这是因为，一方面，互联网上有最新、最前沿的专业知识，也可以很便利地联络到优秀的同行开展探讨；另一方面，互联网的使用本身有很高的技术门槛。直到1991年，伯纳斯-李（Berners-Lee）和他的同伴编写的网页程序才在普通人面前开辟了"通往互联网的康庄大道"。伯纳斯-李贡献的超文本浏览器及相关协议就是人们今天每次键入网址时出现的"http"（超文本传输协议），伯纳斯-李命名的"World Wide Web"就是人所共知的"WWW"，中文译名为万维网。也就是说，万维网成为推动信息技术大众化的强力引擎。到了20世纪90年代中期，全球互联网已经进入连年翻番的快速增长期。

3. 工业与互联网的关系

计算机技术自从诞生以来，与工业就有着紧密的关系，特别是互联网产生导致工业领域发生了革命性的变革，先后经历了计算机辅助制造、计算机集成制造，最终实现了工业化与信息化的相互融合。

（1）计算机辅助制造 计算机辅助制造是指在制造业中，利用电子数字计算机通过各种数值控制机床和设备，自动完成离散产品的加工、装配、检测和包装等制造过程，简称CAM（Computer Aided Manufacturing）。计算机辅助制造的核心是计算机数值控制（简称数控），是将计算机应用于制造生产的过程或系统。1952年，美国麻省理工学院首先成功研制出数控铣床，其数控的特征是由编码在穿孔纸带上的程序指令来控制机床。此后发展了一系列的数控机床，包括称为"加工中心"的多功能机床，它能从刀库中自动换刀和自动转换工作位置，能连续完成车、铣、钻、铰等多道工序，这些都是通过程序指令控制实现的。只要改变程序指令就可改变加工过程，数控的这种加工灵活性称为"柔性"。加工程序的编制不但需要相当多的人工，而且容易出错，最早的CAM便是计算机辅助人们编制零件加工程序。麻省理工学院于1950年研发出数控机床加工零件的编程语言APT，它是类似FORTRAN的高级语言，增强了几何定义、刀具运动等语句，应用APT可使编写程序变得简单。这种计算机辅助编程是批处理的。

（2）计算机集成制造 计算机集成制造系统（CIMS，Computer Integrated Manufacturing System）是随着计算机辅助设计与制造的发展而产生的。CIMS是在信息自动化技术与制造的基础上，通过计算机技术把分散在产品设计制造过程中的各种孤立的自动化子系统有机地集成起来，形成适用于多品种、小批量生产，可实现整体效益的集成化和智能化的制造系统。集成化反映了自动化的广度，智能化则体现了自动化的深度，它不仅涉及物资流控制的传统体力劳动自动化，还包括信息流控制的脑力劳动自动化。

（3）两化融合 两化融合是指电子信息技术广泛应用到工业生产的各个环节，信息化成为工业企业经营管理的常规手段，信息化进程和工业化进程不再相互独立进行，不再是单方的带动和促进关系，而是两者在技术、产品、管理等各个层面相互交融，彼此不可分割，并催生工业电子、工业软件和工业信息服务业等新产业。两化融合是工业化和信息化发展到一定阶段的必然产物。互联网技术与工业制造的关系如图1-2所示。

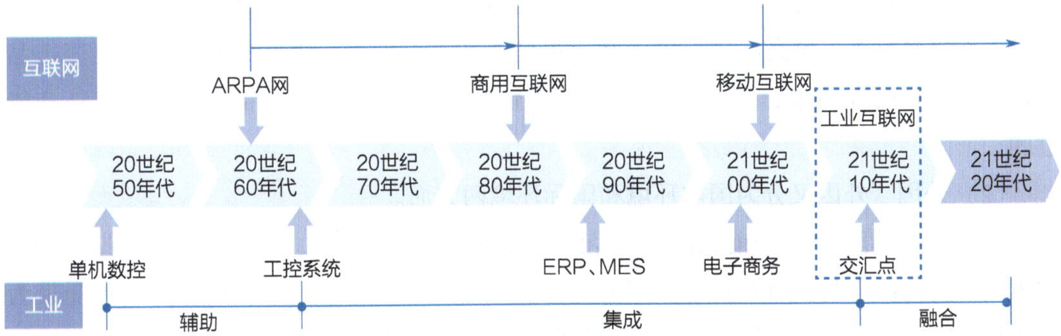

图1-2 互联网技术与工业制造的关系

1.1.3 我国制造业的机遇和挑战

我国过去四十年在劳动密集型生产的基础上，已逐渐建立起世界上门类最齐全的工业体系，成为唯一拥有联合国产业分类目录中所有工业门类的国家，其中数千种工业产品的产量居世界首位，大量产品的产量占全球一半以上。但是，我国制造业依然处于大而不强的阶段，面临一些短板和困境，主要原因如下。

（1）内因 工业经济发展到现在，已经面临很多绕不开的问题，主要包括以下方面。

1）过于依靠资源驱动。工业的生产经营活动主要围绕对自然资源进行直接或间接加工展开，是典型的资源驱动型产业。2018年，我国电力行业全年耗煤21亿t左右，钢铁行业耗煤6.2亿t，建材行业耗煤5亿t，化工行业耗煤2.8亿t。在自然环境承受力一定的情况下，工业的发展必然会遭遇资源不足、能耗过高、污染过重的瓶颈。

2）过于依靠资金驱动。工业属于重资产行业，原材料、机器、厂房、能源、劳动力及营销服务网络都需要大笔资金的投入。除自有资金外，银行贷款是我国工业企业的重要资金来源。近年来，我国经济脱实向虚趋势明显，大量资金涌入虚拟经济中，实体经济缺乏应有的资金支持。2013—2017年我国中长期贷款余额中，制造业领域占比已从2013年的11.2%下滑至2017年的7.4%。缺乏资金的支持，工业发展面临失血的危险。

3）严重缺乏研发投入。科学技术是第一生产力，工业发展主要依靠科技进步、创新产品研发、降低能源消耗、优化产业流程以及提升管理效率等。但是，我国工业企业普遍面临科技研发投入不足的难题。2016年，我国大中型企业的研发经费投入仅为1.16%，比全社会研发经费投入低近1个百分点，同期我国工业企业用于基础研究的经费占比不足0.2%，而美、德、日等国家企业的基础研究经费占比普遍在5%以上。研发投入的匮乏直接导致了部分企业特别是中小企业发展后劲不足。不仅如此，企业还面临新技术革命冲击的风险，甚至整个传统行业被摧毁，曾经的胶卷产业、单反相机产业均是如此，未来燃油汽车也很可能步其后尘。

4)过于错配的市场需求。工业产品必须在市场上完成交易而实现价值,这就受到市场规模、需求趋势等的影响。当前,我国消费市场进入了一个快速升级的新阶段,居民消费向着更多服务、更高品质、更便利、更健康的方向发展,曾经的耐用、实惠等产品特征不再是最受关注的,生产企业如果不能快速调整生产能力,带来的结果就是产能过剩。

(2)外因 外因又分为国内环境和国际环境两方面。

1)国内环境方面。当前我国宏观经济面临增长速度换档期、结构调整阵痛期、前期刺激政策消化期三期叠加的状况。作为国民经济的基础,工业对于三期叠加的感受最为直接且深刻,全产业链条都能感受到一定的压力。

2)国际环境方面。国际经济环境的变化是工业发展面临压力的一个重要原因。当前工业发展面临的困境是后金融危机时代的一个缩影。2008年美国金融危机虽已过去十余年,但是其影响深远,直至今日。过去十年,全球经济动荡加剧,国际贸易保护主义抬头,对外出口乏力,而我国的出口货物中95%是工业品,制造业面临巨大的发展压力。

制造业是实体经济的主体,是供给侧结构性改革的重要领域。依托信息技术可以打破传统固化的制造与服务模式,结合人的创意与网络化的制造系统,实现智能化制造与服务化增值,推动制造业供给侧改革,还能够孵化各类新模式和新业态,为制造企业创造新价值。当前,我国经济正在由高速增长阶段转向高质量发展阶段,制造业面临从数量扩张向质量提高的战略性转变,提高供给侧质量成为主要方向。工业互联网作为新一代信息技术与制造业深度融合的产物,正日益成为新工业革命的关键支撑和深化"互联网+先进制造业"的重要基石,是制造业实现数字化、网络化、智能化改造升级和高质量发展的有效路径。抓住科技革命和产业变革的契机,增强我国经济质量优势,推进从制造大国向制造强国转变,已经成为我国新时代经济发展的重要目标。

1.1.4 工业互联网的提出背景

1. 美国通用电气公司的"工业互联网"提案

美国通用电气公司(GE公司,General Electric Company)是世界著名的大型制造企业,经营范围涉及航空、医疗、生物制药、半导体芯片和材料等领域。GE公司为解决航空发动机预测性维护模式问题,首次提出了工业互联网的概念。在美国政府及企业的推动下,GE公司为先进制造领域演绎了提高制造业效率、资产和运营优化的各种典型范例。同时,GE公司整合美国国际电话电报公司(AT&T)、思科、国际商业机器公司(IBM)和英特尔等信息龙头企业资源,联手组建了带有鲜明"跨界融合"特色的工业互联网联盟,随后吸引了全球制造、通信及软件等行业159家头部企业加入,这些企业资源覆盖了电信服务、通信设备、工业制造、数据分析和芯片技术领域的产品和服务。GE公司还推出了24种工业互联网解决方案,包括石油、天然气平台的监控和医疗等。

该方案目前已上升到美国的国家战略层面，由美国国家标准与技术研究院牵头组织产业界制定工业互联网的标准框架。

2. 德国工业4.0

德国将机械化、电力化和计算机技术分别定性为工业1.0、2.0、3.0。2013年4月，德国在汉诺威工业博览会上发布了《实施"工业4.0"战略建议书》，正式将工业4.0作为强化国家优势的战略选择（图1-3）。作为支撑《德国2020高科技战略》实施的组织保障，由德国政府统一支持、西门子公司牵头成立协同创新体系，并由德国电气电子和信息技术协会发布了工业4.0标准化路线图。当前，将人工智能、物联网和云计算等新一代信息技术应用到制造业正在引发第四次工业革命，即工业4.0。因此，工业4.0是整个科学技术发展到今天的产物，也是一个逐渐演变的过程。

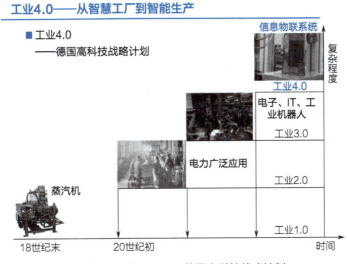

图1-3 工业4.0——德国高科技战略计划

3. 中国制造2025

实施《中国制造2025》，加快建设制造强国，是我国充分把握全球发展大势、借鉴国际经验教训、直面产业发展转型升级的历史必然选择。2015年，国务院印发《中国制造2025》，部署全面推进实施制造强国战略，明确了9项战略任务和重点，其中第二项就是推进信息化与工业化深度融合，即两化融合。

目前，世界主要工业化国家正在加速实现信息化，我国不能先实现工业化再实现信息化，那样的话我们只能总是跟在别人后面走，我们只能在实现工业化的同时实现信息化，最终实现制造强国的目标，这就是两化融合的深刻意义。

4. 我国工业互联网的发展现状

2017年11月，《关于深化"互联网+先进制造业"发展工业互联网的指导意见》正式作为中国发展工业互联网的纲领性文件。习近平总书记多次在重要场合提及工业互联网，工业互联网连续几次被写入政府工作报告，被推向了国家战略高度。2021年3月12日，《中华人民共和国国民经济和社会发展第十四个五年规划和2035年远景目标纲要》发布，提出积极稳妥发展工业互联网，将工业互联网作为数字经济重点产业，打造自主可控的标识解析体系、标准体系、安全管理体系，加强工业软件研发应用，培育形成具有国际影响力的工业互联网平台，推进"工业互联网＋智能制造"产业生态建设。

工业互联网不是互联网在工业上的简单应用，而是具有更为丰富的内涵和外延。它以网络为基础、平台为中枢、数据为要素、安全为保障，既是工业数字化、网络化、智能化转型的基础设施，也是互联网、大数据、人工智能与实体经济深度融合的应用模式，同时也是一种新业态、新产业，将重塑企业形态、供应链和产业链。

当前，工业互联网融合应用正向国民经济重点行业广泛拓展，形成平台化设计、智能化制造、网络化协同、个性化定制、服务化延伸、数字化管理六大新模式，赋能、赋智、赋值作用不断显现，有力地促进了实体经济提质、增效、降本、绿色以及安全发展。

近年来，新一轮科技革命和产业变革快速发展，互联网由消费领域向生产领域快速延伸，工业经济由数字化向网络化、智能化深度拓展，互联网创新发展与新工业革命形成历史性交汇，催生了工业互联网。加快发展工业互联网，促进新一代信息技术与制造业深度融合，是顺应技术、产业变革趋势，加快制造强国、网络强国建设的关键抓手，是深化供给侧结构性改革、促进实体经济转型升级，实现"碳达峰、碳中和"目标，持续推进可持续发展的客观要求。

从工业经济发展角度看，工业互联网为制造强国战略提供了关键支撑。一是推动传统工业转型升级，通过跨设备、跨系统、跨厂区、跨地区的全面互联互通，实现各种生产和服务资源在更大范围、更高效率、更加精准地优化配置，推动制造业高端化、智能化、绿色化，大幅提升工业经济发展质量和效益。二是加快新兴产业培育，工业互联网促进了设计、生产、管理、服务等环节由单点的数字化向全面集成演进，加速创新方式、生产模式、组织形式和商业范式的深刻变革，催生平台化设计、智能化制造、网络化协同、个性化定制、服务化延伸、数字化管理等诸多新模式、新业态、新产业。

从网络设施发展角度看，工业互联网是网络强国建设的重要内容。

1）加速了网络演进升级。工业互联网促进了人与人相互连接的公众互联网、物与物相互连接的物联网向人、机、物、系统等的全面互联拓展，大幅提升了网络设施的支撑服务能力。

2）拓展了数字经济空间。工业互联网具有较强的渗透性，可以与交通、物流、能源、医疗和农业等实体经济各领域深度融合，实现产业上下游、跨领域的广泛互联互通，推动网络应用从虚拟到实体、从生活到生产的科学跨越，极大地拓展了网络经济的发展空间。

与消费互联网相比，工业互联网有着诸多本质不同，具体如下：

1）连接对象不同。消费互联网主要连接人，场景相对简单。工业互联网连接人、机、物、系统以及全产业链、全价值链，连接数量远超消费互联网，场景更为复杂。

2）技术要求不同。工业互联网直接涉及工业生产，要求传输网络的可靠性更高、安全性更强、时延更低。

3）用户属性不同。消费互联网面向大众用户，用户共性需求强，但专业化程度相对较低。工业互联网面向千行百业，必须与各行业各领域技术、知识、经验、痛点紧密结合。

上述特点决定了工业互联网的多元性、专业性和复杂性更为突出，也决定了发展工业互联网非一日之功、难一蹴而就，需要持续发力、久久为功。

为加快推动工业互联网产业发展，促进工业和信息通信领域的沟通交流、深度融合，在工业和信息化部的指导下，由中国信息通信研究院牵头，联合各领域产学研用相关单位，于2016年成立了我国工业互联网产业发展的最重要平台——工业互联网产业联盟（简称AII）。AII成员数量超过2000家，设立了"15＋15＋X"组织架构，即15个工作组、15个特设任务组和X个（目前已达到16个）垂直行业组。AII在工业和信息化部的指导下，依托各工作组和特设任务组，与成员单位共同努力，先后从工业互联网顶层设计、技术研发、标准研制、测试床、产业实践以及国际合作等多方面开展工作，发布了工业互联网白皮书、工业互联网平台、测试床、优秀应用案例等系列成果，广泛参与国内外大型工业互联网相关活动，为政府决策、产业发展提供了有力支持，已经成为具有国际影响力的工业互联网产业生态载体。

1.2 工业互联网的基本概念

1.2.1 工业互联网的内涵

工业互联网产业联盟在《工业互联网体系架构》中对工业互联网的内涵进行了系统描述。

工业互联网（Industrial Internet）是新一代信息技术与工业系统全方位深度融合所形成的产业和应用生态，是以机器、原材料、控制系统、信息系统、产品及人之间的网络互联互通为基础，通过对工业数据的全面深度感知、实时传输交换、快速计算处理及高级建模分析，实现智能控制、运营优化和生产组织方式的变革。

工业互联网包含网络、平台、数据和安全四大体系，它既是工业数字化、网络化、智能化转型的基础设施，也是互联网、大数据、人工智能与实体经济深度融合的应用模式，同时也是一种新业态、新产业，将重塑企业形态、供应链和产业链。

网络体系是基础。工业互联网网络体系包括网络互联、数据互通和标识解析三部分。

1）网络互联实现要素之间的数据传输，包括企业外网、企业内网。企业外网根据工业高性能、高可靠性、高灵活性、高安全网络的需求进行建设，用于连接企业各地机构、上下游企业、用户和产品。企业内网用于连接企业内部人员、机器、材料、环境和系统，主要包含信息（IT）网络和控制（OT）网络。

2）数据互通是指通过对数据进行标准化描述和统一建模，实现要素之间传输信息的相互理解，数据互通涉及数据传输、数据语义语法等不同层面。

3）标识解析是根据标识编码查询目标对象网络位置或者相关信息的技术，是对机器和物品进行唯一性的定位和信息查询的方法，也是实现全球供应链系统和企业生产系统的精准对接、产品全生命周期管理和智能化服务的前提和基础。

平台体系是中枢。工业互联网平台相当于工业互联网的操作系统，有如下四个主要作用：

1）数据汇聚：网络层面采集的多源、异构、海量数据传输至工业互联网平台，为深度分析和应用提供基础。

2）建模分析：提供大数据、人工智能分析的算法模型和物理、化学等各类仿真工具，结合数字孪生、工业智能等技术，对海量数据进行挖掘分析，实现数据驱动的科学决策和智能应用。

3）知识复用：将工业经验知识转化为平台上的模型库、知识库，并通过工业微服务组件方式，方便二次开发和重复调用，加速共性能力沉淀和普及。

4）应用创新：面向研发设计、设备管理、企业运营和资源调度等场景，提供各类工业 App、云化软件，帮助企业提质增效。

数据体系是要素。工业互联网数据有如下三个特性：

1）重要性。数据是实现数字化、网络化、智能化的基础，没有数据的采集、流通、汇聚、计算、分析，各类新模式就是无源之水，数字化转型也就成为无本之木。

2）专业性。工业互联网数据的价值在于分析利用，分析利用的途径必须依赖行业知识和工业机理。制造业千行百业、千差万别，每个模型、算法背后都需要长期积累和专业队伍，只有深耕细作才能发挥数据价值。

3）复杂性。工业互联网运用的数据来源于"研产供销服"各环节，"人机料法环"各要素以及 ERP、MES、PLC 等系统，维度和复杂度远超消费互联网，面临采集困难、格式各异、分析复杂等挑战。

安全体系是保障。工业互联网安全体系涉及设备、控制、网络、平台、工业 App、数据等多方面网络安全问题，其核心任务就是要通过监测预警、应急响应、检测评估、功能测试等手段确保工业互联网健康有序发展。与传统互联网安全相比，工业互联网安全具有如下三大特点：

1)涉及的范围广。工业互联网打破了传统工业相对封闭可信的环境,网络攻击可直达生产一线。联网设备的爆发式增长和工业互联网平台的广泛应用,使网络攻击面持续扩大。

2)造成的影响大。工业互联网涵盖制造业、能源等实体经济领域,一旦发生网络攻击、破坏行为,安全事件影响严重。

3)企业防护基础弱。目前我国大部分企业安全意识、防护能力仍然薄弱,整体安全保障能力有待进一步提升。

1.2.2 工业互联网的特征

互联网在产业变革中的作用正在从浅层次的工具升级为重塑产业的基础设施和创新要素,融合、跨界、智能、绿色和创新成为新工业革命的特征,而这些特征无一能离得开互联网。互联网开放、共享和协同的特征正在带来各个产业的深刻变革,也彻底改变了工业制造的模式,工业互联网就是这种变革下的产物。工业互联网的特点可以从不同的维度进行理解,这里从工业互联网的技术特性出发,分为四个方面:软件主导、数据驱动、平台支撑和智能助力。

1. 软件主导

软件主导是工业互联网的一个重要特征,主要体现在生产知识的软件化,产品的设计、仿真、工艺、制造的技术和经验不断增长。这些生产知识通过软件固化沉淀下来,使工业知识机理和专家经验基于软件的使用更加显性化、复用化和智能化。在运营管理环节,通过生产制造全生命周期的数字化实时采集和分析数据,支持智能决策软件,使企业的生产运营更多地依靠基于工业大数据分析的软件化解决方案,工业 App 成为趋势。软件同样被应用于产品服务环节,例如,GE 于 2015 年发布了 Predix2.0,可实现对 35000 台航空发动机的全生命周期管理服务,目前在全球已建成 4 个云计算中心,形成近 2 万人的开发者队伍,开发了超过 160 种工业 App。

全球诸多跨国软件企业一致认为,未来制造业将由软件主导。软件早已不再是过去人们理解的软件,而是设备的软零件、软部件,并最终发展成软装备。它不仅定义产品的结构和功能,而且定义企业生产流程和生产方式。因此,工业软件不是普通软件,从本质上是工业发展的结晶,被称为"现代产业体系之魂",是工业制造的"大脑与神经"。正如西门子公司所称:"软件是工业的未来,数据是未来的原材料。"其软件研发费用约占整个集团研发费用的 40%。

2. 数据驱动

在制造行业,数据是企业研发、采购、生产和销售几乎所有经营活动不可或缺的信息,正在成为最宝贵的资源。数据是制造业转型升级的核心,依托信息技术可将企业研发、采购、制造、物流和服务各个环节的数据进行全面采集、分析与决策，构建面向企业特定需求的、基于网络的制造系统，工业数据全周期的应用可以驱动工业系统的决策部署，实现机器弹性控制、运营管理优化、生产协同组织与商业模式创新，进而实现工业智能化发展。

制造系统在发生和解决问题的过程中会产生大量数据，这些工业数据除具有一般大数据的特征（数据量大、多样、快速和价值密度低）外，还具有时序性、强关联性、准确性和闭环性特征。通过对这些数据的分析和挖掘可以了解问题产生的过程、造成的影响和解决的方式，这些信息被抽象化建模后转化成知识，再利用这些知识去认识、解决和避免问题，核心是从以往依靠人的经验转向依靠挖掘数据中隐性的线索，使制造知识能够更加高效且自发地产生并被利用和传承。在制造系统和商业环境变得日益复杂的今天，数据驱动几乎成为高效、便捷地解决问题和积累知识的唯一途径和手段。

3. 平台支撑

工业互联网平台推动了行业经验知识的云端共享、积累沉淀和复用推广，运用模型和微服务可实现对知识经验的封装调用，通过开发针对各类场景的工业 App 建立创造、扩散和应用工业知识的新模式。随着工业互联网平台的广泛应用，工业知识创造、积累、共享、传播和复用体系从过去单一学科和单一领域走向跨学科、跨领域，从师徒传承和书本传承走向知识自动化传承。

当前，平台支撑已成为推动制造业与互联网融合的重要抓手，全球主要国家、产业界和知名企业纷纷加快战略布局，抢占平台竞争制高点。作为工业互联网、工业4.0的倡导者和主导者，GE和西门子分别推出了 Predix 和 MindSphere 工业互联网平台，领军企业围绕"智能机器+云平台+工业 App"功能架构，整合"平台提供商+应用开发者+海量用户"生态资源，抢占工业大数据入口的主导权，培育海量开发者，增强用户黏性，其本质都是以开放化平台为核心，向下整合硬件资源，向上承载软件应用，构建基于工业云的制造业生态，引领未来工业发展的方向。

4. 智能助力

第四次工业革命的理念、技术和应用服务也是以智能化为方向和目的的，是实现从自动化到智能化、从局部优化到全局优化的过程。自动化是单点、低水平、有限的资源优化，智能化是多点、高水平、全局的资源优化。工业互联网正是制造业转型升级的重要技术手段，助力企业通过数字化、网络化，最终实现智能化。

信息技术与传统制造技术的相互融合成为制造业的新模式、新业态，传统产业向互联网生态系统转移，标志着继移动互联网之后的新一轮技术创新浪潮，即智能化时代已经来临。工业互联网的最终目标是实现"人—机—物"深度融合的智能网络空间。

1.2.3 工业互联网的作用

工业互联网自提出以来,在产业界产生了巨大的影响,所带来的效果也是显而易见的。工业互联网的主要作用包括提高生产率、降低生产成本以及创新商业模式。

1. 提高生产率

企业最为关注的是财务绩效,或者投资收益率。怎样使工业互联网技术在短期内为企业产生直接可量化的效益,是企业采用这种新技术的主要动力,也是让更多人接受工业互联网必须实施的关键步骤。GE 公司的市场研究表明,65%的企业依旧将工业互联网技术和大数据技术作为提高设备生产率,改善设备维护效率,以及提高能源使用效率的关键技术。

2. 降低生产成本

2012 年,GE 公司在《工业互联网:打破智慧与机器的边界》白皮书中指出,如果工业互联网的推广和实施可以为工业领域带来哪怕 1%的成本或者资本节省,也就是从效率提升的角度带来一点点微小的进步,其成果也将是极其巨大的。

人类的工业文明经过二百多年的持续发展和完善,到今天,传统物理设备的效率提升和改进已经基本达到了极限。但是如果采用工业互联网和大数据技术重新改造现有的机器和物理设备,则有巨大的效率提升空间,依旧有巨大待挖掘的潜力。

3. 创新商业模式

所谓商业模式是指企业创造价值的模式,传统企业的价值创造是基于产品的,包括产品的质量、性能和性价比。随着产品同质化的趋势越发严重,越来越多的企业开始思考如何构建新的获利方式,也就是通过对服务模式的重塑来创造新的盈利模式。

很多企业已经在尝试利用工业互联网的技术和理念重新塑造原有的商业模式,找出新的利润增长点,甚至进一步创造出新的商业模式来颠覆原有的市场格局。这种情况可能发生在传统的企业身上,但是更多情况是在那些新锐的创新型企业身上,尤其是那些通过跨界的方式进入到原有行业的产业颠覆者。举例来说,无人驾驶汽车的出现,尤其是和电动车结合出现的新的模式创新,有可能会使汽车行业最终演变成一个彻底的服务行业。

1.3 工业互联网技术框架

工业互联网技术框架由体系架构、技术体系和标准体系构成,这里对这三大组成部分进行简要介绍,详细内容参见附录 A,还可以直接阅读工业互联网产业联盟发布的

《工业互联网体系架构》《工业互联网平台白皮书》和《工业互联网标准体系》等技术文档。

1.3.1 工业互联网体系架构

体系架构（Architecture）是一个综合模型，由许多组成要素和各种视图（View）组成，用来完整描述整个系统，常常以复杂的框图形式呈现。视图基于各组成要素之间的联系与互操作而形成，不同视图从不同角度描述了这种联系和互操作。

体系架构可以描述一类设备（如计算机体系架构）、一类组织（如公司组织架构）以及一类基础设施（如工业互联网体系架构）等。比如，在公司组织架构中，主要组成要素是职位，职位之间的汇报和领导关系组成视图。针对党建、生产和销售等工作，汇报和领导关系可能不同，因此会有不同的视图。

中国工业互联网产业联盟分别于 2016 年和 2019 年发布了《工业互联网体系架构（版本 1.0）》和《工业互联网体系架构（版本 2.0）》（详见附录 A）。

1.3.2 工业互联网技术体系

技术体系是针对特定目标、范围、时间和人群等限定条件所用的主要技术汇总及相互关系。工业互联网技术体系是指工业互联网用到的主要技术及相互关系，包括制造技术、信息技术和融合技术。《工业互联网体系架构（版本 2.0）》对工业互联网技术体系进行了系统描述（详见附录 B）。

1.3.3 工业互联网标准体系

标准体系是针对特定目标、范围、时间和人群等限定条件所制定的所有标准的汇总及相互关系。比如，针对手机产品，会有技术标准、管理标准和应用标准等，将这些标准汇集在一起，并描述标准之间的相互关系和作用，就形成了手机标准体系。

工业互联网产业联盟于 2021 年发布《工业互联网标准体系（版本 3.0）》，按基础共性、网络、边缘计算、平台、安全和应用六大部分构建了工业互联网标准体系（详见附录 C）。

第 2 章
工业互联网平台

说到互联网，人们一般想到的是各种应用平台，比如微信、淘宝、头条等。对用户来说，这些平台是互联网的入口和应用场所。同样，对于工业企业和从业人员来讲，一般不需要了解工业互联网的完整构成，只需要访问和使用工业互联网平台。工业互联网平台的种类比互联网平台还多，而且在不断增加。与互联网平台一样，不同的工业互联网平台面向不同的应用、行业或者区域。由于工业互联网发展尚处于早期，还未能形成像 BAT 那样公认的平台。为此，近年来，工业和信息化部每年会公布国家级跨行业跨领域工业互联网平台（简称"双跨"平台）和特色专业型平台，目前分别有 28 个和 88 个。这些平台在一定时期内代表国内领先水平。随着工业互联网行业走向成熟，会自然形成许多像 BAT 那样的公认平台。

本章以宜科 IoTHub 工业互联网平台为例，讲解工业互联网平台的组成、功能、部署和应用等知识，并介绍国内外工业互联网平台的发展现状及典型产品。通过本章的学习，学生可以了解工业互联网平台的基本知识、产品形态和产业概貌。

2.1 工业互联网平台的基本概念

我国工业互联网产业联盟分别于 2017 年和 2019 年发布了《工业互联网平台白皮书》，从技术、应用、产业和商业等方面对工业互联网平台进行了全面分析。这里基于《工业互联网平台白皮书》和《工业互联网体系架构 2.0》介绍工业互联网平台的内涵、组成、功能和应用。

2.1.1 工业互联网平台的定义

和淘宝、头条等互联网平台一样，工业互联网平台也是一个云平台。只不过互联网平台连接了手机、平板等海量终端，而工业互联网平台连接的是设备、物料和工位等更加海量的工业要素。《工业互联网平台白皮书》给出的定义是，工业互联网平台是工业互联网的核心，它面向制造业数字化、网络化、智能化需求，结合云计算、大数据、物联网等技术，构建出基于海量数据采集、汇聚、分析的服务体系，形成支撑制造资源泛在连接、弹性供给、高效配置的工业云平台。

工业互联网平台引入低代码开发技术，吸引了大量专业技术服务商和第三方开发者参与工业App创新，不仅颠覆了传统工业软件研发体系，而且促使传统工业企业的竞争方式产生了变革。在工业互联网时代，企业竞争将不再单凭技术产品取胜，而是依托工业互联网平台的数字化生态系统，正如传统商场和电商平台一样。另外，工业互联网平台还重新定义了工业生产关系与组织方式，打破了产业和企业之间的边界，可促进人才、资金和技术的共享流动，真正实现生产方式和管理方式的解构与重构。

2.1.2 工业互联网平台的关键功能

工业互联网产业联盟于2019年发布《工业互联网体系架构2.0》，其中包括工业互联网平台体系架构（图2-1）。按照功能层级划分，工业互联网平台包括边缘层、PaaS层和应用层三个关键功能组成部分。

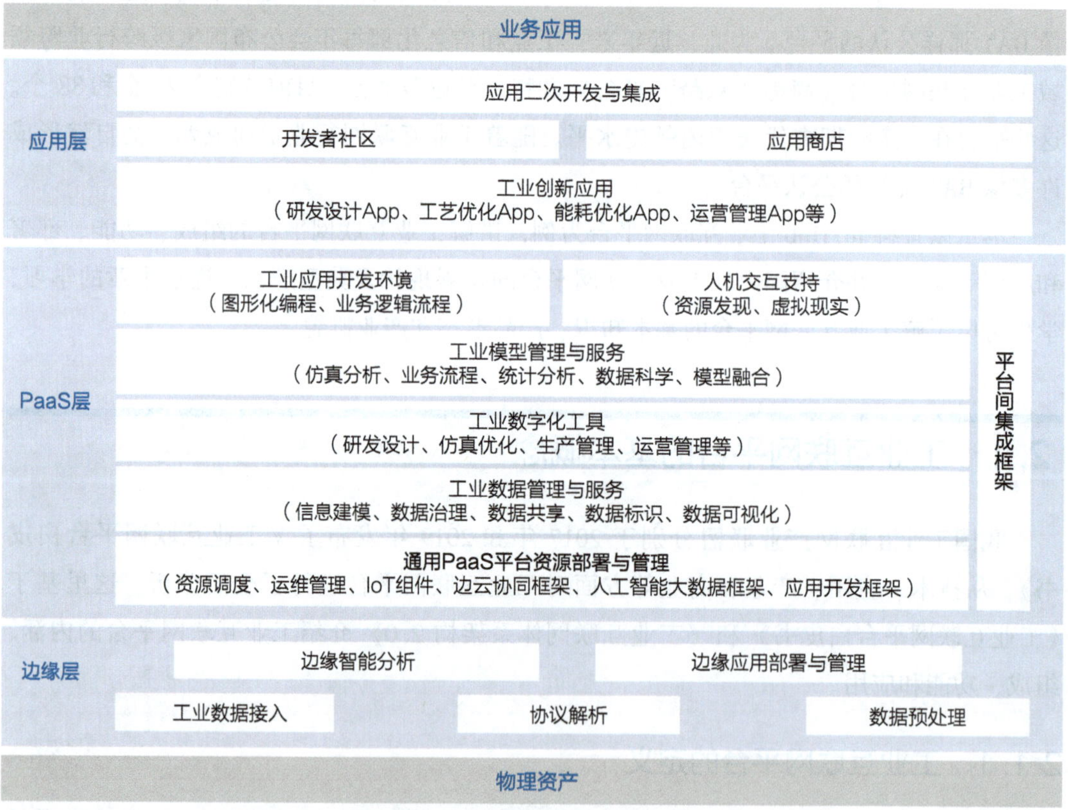

业务应用		
应用层	应用二次开发与集成	
	开发者社区	应用商店
	工业创新应用（研发设计App、工艺优化App、能耗优化App、运营管理App等）	
PaaS层	工业应用开发环境（图形化编程、业务逻辑流程）	人机交互支持（资源发现、虚拟现实）
	工业模型管理与服务（仿真分析、业务流程、统计分析、数据科学、模型融合）	
	工业数字化工具（研发设计、仿真优化、生产管理、运营管理等）	
	工业数据管理与服务（信息建模、数据治理、数据共享、数据标识、数据可视化）	
	通用PaaS平台资源部署与管理（资源调度、运维管理、IoT组件、边云协同框架、人工智能大数据框架、应用开发框架）	
边缘层	边缘智能分析	边缘应用部署与管理
	工业数据接入 / 协议解析 / 数据预处理	
物理资产		

（平台间集成框架）

图2-1 工业互联网平台体系架构
（来源：《工业互联网体系架构2.0》）

1. 边缘层

工业互联网平台可以认为是一个数据处理中心,而数据来源就是在边缘层连接的海量设备、传感器、信息系统和人机交互终端等。具体来说,边缘层提供了海量工业数据接入、数据预处理和边缘智能分析等功能。对于时效性、安全性等要求较高的特殊应用需求,数据直接在边缘层进行处理,不上传到云平台。

1)工业数据接入,包括机器人、机床、高炉等工业设备数据接入能力,以及 ERP、MES、WMS 等信息系统数据接入能力,实现对各类工业数据的大范围、深层次采集和连接。

2)协议解析与数据预处理,将采集连接的各类多源异构数据进行格式统一和语义解析,并进行数据剔除、压缩和缓存等操作后传输至云端。

3)边缘智能分析、边缘应用部署与管理,重点是面向高实时应用场景,在边缘侧开展实时分析与反馈控制,并提供边缘应用开发所需的资源调度、运行维护及开发调试等各类功能。

2. PaaS 层

如果说边缘层提供数据,那么 PaaS 层则负责数据管理和分析,得到数据的应用价值。具体来说,PaaS 层提供资源部署与管理、工业数据管理与服务、工业数字化工具、工业模型管理与服务等功能。

1)资源部署与管理是对系统资源进行调度和运维管理,并集成 IoT 组件和边云协同、大数据、人工智能、应用开发等各类框架,为上层业务功能实现提供支撑。

2)工业数据管理与服务是面向海量工业数据提供信息建模、数据治理、数据共享、数据标识和数据可视化等服务,为上层建模分析提供高质量数据源,以及进行工业模型的分类、标识、检索等集成管理。

3)工业数字化工具融合研发设计、仿真优化、生产管理、运营管理等已有成熟工具,为上层建模和服务提供便捷的手段。

4)工业模型管理与服务利用仿真分析、业务流程、统计分析、数据科学建模、模型融合等方法,实现工业数据价值的深度挖掘分析。

5)采用低代码开发、图形化编程、业务逻辑流程等技术来降低开发门槛,为业务人员提供不依赖程序员而独立开展高效灵活的工业应用开发环境。

此外,还需考虑虚拟现实、资源发现等人机交互支持方法,以及平台间集成框架等功能。

3. 应用层

PaaS 层形成的数据应用价值在应用层变现,即形成具体的工业 App 和解决方案,实现提质降本增效的终极目标。具体来说,应用层提供工业创新应用、开发者社区、应用商店和应用二次开发与集成等功能。

1）工业创新应用，针对研发设计、工艺优化、能耗优化、运营管理等智能化需求，构建各类工业App应用解决方案，帮助企业实现提质降本增效。

2）开发者社区，打造开放的线上社区，提供各类资源工具、技术文档和学习交流等服务，吸引海量第三方开发者入驻平台并开展应用创新。

3）应用商店，提供成熟的工业App上架认证、展示分发和交易计费等服务，以实现工业应用价值变现。

4）应用二次开发与集成，对已有工业App进行定制化改造，以适配特定工业应用场景或满足用户个性化需求。

2.1.3 工业互联网平台的部署实施

部署一个互联网平台，一般只需要将软件系统部署在云端，然后向用户发布网站、App、公众号和小程序等应用入口，用户就可以访问平台了。互联网平台的特点如下：

1）平台运营者不需要考虑接入终端，因为互联网的用户终端类型不多，主要是手机、平板和PC，这些终端都是标准化的，用户都会使用。

2）平台运营者不需要过多考虑应用，因为互联网应用的种类不多，主要是电商、社交、资讯、娱乐和旅游等，这些应用同样也是标准化的，用户都会使用。

3）消费互联网平台的用户至少在一个国家内是平等的，因此，平台部署不太需要区分地域、组织行政级别以及用户身份等差异。

与消费互联网相比，工业互联网平台的部署更加复杂，主要表现在如下方面：

1）接入终端。工业互联网平台要连接人机料法环各种工业要素，包括设备、传感器、工业软件系统和人机交互终端等，而且不同厂家设备的接口规范和通信协议各不相同，不同工业软件系统的数据格式和形态迥异，所以工业互联网平台有专门的边缘层来负责解决接入问题。

2）应用。工业应用和消费应用不同，不同工厂、不同产品、不同设备、不同区域、不同时间段都有不同的应用需求，小到设备故障报警，大到生产绩效评估。因此，工业互联网平台上的工业App的类型、数量和生命周期是动态变化的。通过低代码开发技术，没有编程经验的使用者也可以随时随地编制和发布工业App，因此工业互联网平台部署中要充分考虑工业App的开发、部署、应用和管理环境。

3）用户分类。工业互联网平台的用户从层级上分为现场、企业和产业三级，从区域上分为企业、地方和国家三级，所以我国现阶段将工业互联网平台分为两种类型：跨行业跨领域平台（"双跨"平台）和特色平台（区域、行业、领域平台）。部署工业互联网平台时，需要在层级维度和区域维度上进行"分布式"设计和实施。

如图2-2所示，工业互联网平台的部署要考虑设备层、边缘层、企业层和产业层四个层级，通过实现工业数据采集、开展边缘智能分析、构建企业平台和打造产业平台，形成交互协同的多层次、体系化建设方案。每层部署的目标和要点如下。

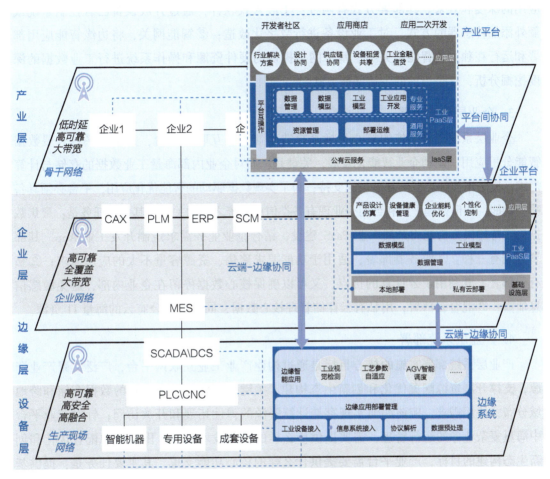

图 2-2　工业互联网平台实施架构

（来源：《工业互联网体系架构 2.0》）

1. 设备层系统部署

设备层系统部署实施的核心目标是为工业互联网平台提供底层的数据基础支撑。关键是面对种类繁多的现场设备和通信协议，如何实现海量工业数据的精准、实时采集和集成。其主要任务包括提供针对性工业设备接入解决方案、提供协议解析和数据预处理服务。其部署方式有两种：①对存量设备进行叠加改造，通过开放设备已有控制系统或额外添加传感器的方式，对工业设备进行数字化改造；②采用新型数字化装备。

2. 边缘层系统部署

边缘层系统部署实施的核心目标是满足生产现场的实时优化和反馈控制应用需求，关键是：具有高实时性要求的智能应用如何在边缘层进行开发、部署和运维，如何通过数据智能分析对现场生产进行优化决策。其主要任务是：面向工业视觉检测、AGV 智能调度等高实时性场景提供边缘智能应用能力；进行边缘云端协同，进一步提升边缘智能应用的深度和效果。其部署方式有两种：①嵌入式软件，通过开放设备已有控制系统或额外添加传感器的方式，对工业设备进行数字化改造；②智能网关，将边缘智能应用部署和运行在独立的智能网关中，基于网关提供的硬件资源和操作系统进行工业数据的深度挖掘分析，这是当前的主流部署方式。

3. 企业层系统部署

企业层系统部署实施的核心目标是打造企业工业互联网平台，并基于平台开展数据智能分析应用，驱动企业智能化发展，关键是：面对企业内部海量工业数据的存储与计算需求，应采用何种类型的基础设施支持；为了实现数据驱动的智能优化应用，平台必须具备哪些功能；如何处理平台和当前企业现有各类信息系统之间的关系。其主要任务是：聚焦数据管理与建模分析能力开展工业 PaaS 建设，结合企业业务需求定制开发工业 App。其部署方式有三种：①服务器部署，适用于功能要求聚焦、资源容量不大的应用需求；②私有云部署，既利用了云计算的优点，又可以确保核心数据停留在企业内部，避免敏感信息泄露；③混合云部署，用私有云存储管理核心数据，同时享用公有云的海量 IT 资源。

4. 产业层系统部署

产业层系统部署实施的核心目标是通过构建产业工业互联网平台，广泛汇聚产业资源，支撑开展资源配置优化和创新生态构建，关键是：面对高速增长的数据存储和跨地域分布式使用需求，应该如何实现存储计算资源的弹性拓展和开放访问；针对产业平台中海量复杂业务的运行管理，需要提供什么样的使能技术基础；围绕资源配置优化和创新生态构建的目标，产业平台需要提供什么样的核心功能支撑。其主要任务是：提供基础 IT 资源支撑；提供数据管理、建模分析能力以及良好的工业应用创新能力；聚焦行业共性问题，为资源优化配置提供解决方案；开展创新生态建设，通过构建开发者社区、应用商店或提供应用二次开发等方式来吸引外部开发者，形成应用开发和交付的双向循环，打造充满活力和竞争力的生态化发展模式。其部署方式主要采用公有云形式。

2.2 工业互联网平台实例——宜科 IoTHub

IoTHub 工业互联网平台（图 2-3）是由天津宜科自动化股份有限公司设立在德国德雷斯特的研发中心历经多年的研发积累后，于 2018 年 5 月 17 日正式发布的，2020 年入选全国特色专业型工业互联网平台。IoTHub 平台为工业设备泛在连接、工业数据采集分析、工业应用创新开发提供了高可靠性、高安全性的开发运行环境，是一款面向各类物联网智能终端及工业互联网采集应用的配置、监控、可视化和数据存储应用的赋能系统。

该平台通过实现制造领域中不同场景下各类设备的控制器、传感器、物联网终端之间的连接，为用户提供多源异构数据采集功能；支持多种典型的工业现场协议，如 OPC UA、Modbus TCP/RTU、S7 和 MQTT 等；能够在智能设备与云端之间建立安全的双向连接，实现制造流程的各个环节与信息孤岛之间的数据流动网络化，有效解决工业现场数据的采集及上传问题。

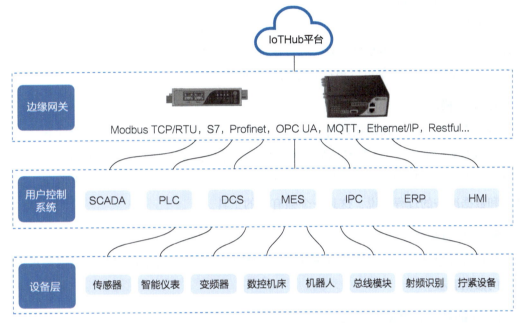

图 2-3　IoTHub 工业互联网平台

2.2.1　IoTHub 的主要功能

IoTHub 平台具有用户管理、设备管理、报警与事件管理、脚本模块、数据看板以及历史数据存储等功能（图 2-4），可提供对设备的数据采集、可视化展示（云组态）、数据逻辑规则设定、设备故障报警推送等服务，并能对接数据分析平台、智慧运维平台等第三方系统。此外，IoTHub 平台还支持用户自定义开发模块，用于扩展平台功能。

图 2-4　IoTHub 平台功能

1. 用户管理

通过用户管理模块可制定不同的用户角色权限策略，运用不同的访问规则。可通过用户组设置组内成员的权限，或者为单个用户设置具体的权限。

2. 设备管理

设备管理模块以集中建立设备映射或者系统映射的方式，统一管理边缘网关连接的终端设备，这些设备可以是 PLC、机器人、机床和传感器，也可以是外部数据源或其他数据。

3. 历史数据存储

对于后期有数据分析需求的数据，用户可对 IoTHub 平台采集到的实时数据进行持久化存储。用户可以决定哪些数据需要进行保存，也可以定义需要保留的数据大小和范围。IoTHub 平台的所有数据都可以被持久化到本地或者云端。

4. 脚本模块

脚本模块是在服务器端执行的 JavaScript 程序，表现为信息和数据在多个元素之间的传送，能够从数据库、API 和其他外部系统导入或导出数据、操作数据。通过一个脚本不仅可以定义数据处理规范，甚至可以创建自定义的复杂算法。对于区分数据收集、数据处理和数据准备的过程来说，这是一个强有力的工具。

5. 数据看板

数据看板通过简单的视图组件使平台中的数据可视化。每个用户都能根据需求创建不同的数据看板。

6. 外部系统和数据库

IoTHub 平台通过连接其他外部系统可实现数据整合，同时也能够连接关系型或非关系型数据库，将有价值的数据提取后进行保存。

7. 网关管理

网关管理通过管理边缘网关中的协议驱动来实现终端设备与 IoTHub 的对接。

8. 报警与事件管理

用户只需简单配置报警规范，即可实现人工控制流程的自动化，让报警信息及时发送给公司的相关部门，根据配置消息的优先级及处理顺序完成报警的发起、解决等过程。

2.2.2 IoTHub 的部署实施

IoTHub 支持两种部署方式，即本地私有化部署和云端部署，用户可根据使用场景的需要自行选择。下面详细介绍 IoTHub V3.0.1 版本的部署过程，作为工业互联网平台部署的参考实例。

1. 准备工作

（1）选择适当的服务器　运行 IoTHub 平台的服务器至少应满足以下系统要求。

1)处理器：2GHz 双核。

2)内存：2GB。

3)磁盘空间：4GB。

（2）安装 Linux 系统　IoTHub 平台推荐安装在 ubuntu 18.04 或 debian 7 或 CentOS 6 操作系统中（以下操作采用 ubuntu 18.04 系统）。

（3）下载安装包　安装过程中除需要 IoTHub 安装包之外，还需要加密狗驱动 Sentinel Runtime 的安装包。

加密狗驱动安装包的文件名为 SentinelRuntime_linux. tar. gz，下载链接为 https://wiki.elco-automation. de/display/I3UM/Install + Sentinel + Runtime + on + Linux，如图 2-5 所示。

图 2-5　下装 Sentinel Runtime 的安装包

IoTHub 安装包的文件名为 iothubctl，如图 2-6 所示，下载链接为 https://wiki.elco-automation. de/display/I3UM/Install + the + IoTHub + Professional + on + Linux。

图 2-6　下载 IoTHub 安装包

需要在 Linux 系统的超级用户主目录中创建一个名为 iothub 的文件夹，将加密狗安装包和 IoTHub 安装包复制到该文件夹中。

（4）安装 Docker　Docker 是一种应用容器引擎，可实现类似虚拟机隔离应用环境的功能。但与虚拟机技术不同，Docker 是对 Linux 操作系统进程层面的封装隔离，比虚拟机更轻量化，不会占用太多的系统资源。通过以下步骤安装并运行 Docker（安装过程中应始终保持系统与 Internet 的正常连接），为后面使用 Docker 进行微服务部署做准备。

输入"cd iothub/"命令，导航到已存储安装包的 iothub 文件夹。

elco@ ubuntu:~ $ cd iothub/

输入"sudo apt – get update"命令更新相关程序。

elco@ ubuntu:~/iothub $ sudo apt – get update

安装 docker。安装命令为 sudo apt – get install docker。

elco@ ubuntu:~/iothub $ sudo apt – get install docker

安装 docker.io。安装命令为 sudo apt – get install docker.io。

elco@ ubuntu:~/iothub $ sudo apt – get install docker.io

启动 docker 服务并设置开机自启。
启动：sudo systemctl start docker。

elco@ ubuntu:~/iothub $ sudo systemctl start docker

开机自启：systemctl enabled docker。

elco@ ubuntu:~/iothub $ systemctl enabled docker

查看运行状态：systemctl status docker。

elco@ ubuntu:~/iothub $ systemctl status docker

（5）获取 IoTHub 平台的许可证　用户获得 IoTHub 平台许可证的方式有两种：USB 加密狗或绑定到硬件的软件许可证。同时，为了使许可证可用，需要在计算机上安装加密狗驱动，用于在 IoTHub 平台启动时索取许可证，并完成所有许可证处理。

 注意：许可证必须始终存在于正在运行的 IoTHub 平台中，否则 IoTHub 平台将在 30s 后自行关闭。

打开终端，输入"cd iothub/"命令，导航到已存储下载文件的文件夹 iothub 中。

elco@ ubuntu:~ $ cd iothub/

使用以下命令解压 tar 文件：

elco@ ubuntu:~/iothub $ tar – xf SentinelRuntime_linux.tar.gz

进入解压后的文件夹"sentinel-runtime",安装认证工具(以root或sudo身份)。

```
elco@ubuntu:~/iothub$ cd sentinel-runtime/
elco@ubuntu:~/iothub/sentinel-runtime$ sudo ./install
```

安装完成后,打开浏览器,在地址栏输入"http://localhost:1947",选择Sentinel锁界面验证授权是否成功(图2-7)。

图2-7 验证授权

2. IoTHub 的安装

1)打开终端,导航到iothubctl文件的保存路径下。

```
elco@ubuntu:~$ cd iothub/
```

2)输入以下命令获取iothubctl的执行权限:

```
elco@ubuntu:~/iothub$ chmod +x ./iothubctl
```

3)将IoTHub的配置文件iothub.yml上传到iothub文件夹中。iothub.yml文件内容示例如下,用户可根据实际情况进行修改。

```
# general or global configuration attributes
general:
    baseurl: http://***        #请使用实际阿里云服务器的地址替换"***"
        bind: 0.0.0.0
        bundles: []
        debug: true
        designer: true
        docker:
            registry: cn
        license_id:
```

```
name: iothub
port: 80
ui: true
version: v3.0.1          # 请确保与软件安装版本一致
    #configurations for data persistence
    #persistence:        # 有外接数据库这部分需要配置
    #   database:
    #     database: iothub
    #     host: ""
    #     port: 3306
    #     password: ****
    #     type: maria
    #     user: iothub
    #   influx:
    #     host: ""
    #     password: ****
    #     port: 8086
    #     user: iothub
    #configuration options for specific services
    services:
alarming:
  enable: false
appdesigner:
  enable: true
email:
  enable: false
  host: ""
  port: 0
  user: ""
  password: ""
  from: ""
gateway:
  enable: true
  agent_port: 19091        # Agent gateway 端口
  bind: 0.0.0.0
  controller_port: 19190   # Agent Controller gateway 端口
  port: 19091              # gateway 端口
history:
  enable: false
workflow:
  enable: true
```

4）开始安装。输入以下命令后，系统将根据 iothub.yml 的配置下载相关的镜像文件，并自动完成 IoTHub 平台的安装。

```
elco@ ubuntu:~/iothub $ sudo./iothubctl install
```

5）安装完成后，输入"docker ps - a"命令检查 docker 容器的运行状态，所有容器均为 up 状态表示安装成功。

```
elco@ ubuntu:~/iothub $ docker ps - a
```

6）重启 iothub 平台，命令为 sudo./iothubctl restart。

```
elco@ ubuntu:~/iothub $ sudo./iothubctl restart
```

7）安装完成后，用户只需在浏览器的地址栏中输入平台的 URL 便可访问 IoTHub 平台，登录界面如图 2-8 所示。输入正确的用户名和密码，单击"LOGIN"按钮，即可登录平台。

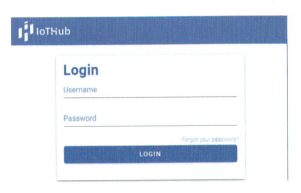

图 2-8　IoTHub 平台登录界面

2.2.3　IoTHub 的操作界面

打开浏览器并在地址栏中输入 IoTHub 的 URL 后按〈Enter〉键，即可进入 IoTHub 平台的登录界面（图 2-9）。输入用户名和密码，单击"LOGIN"按钮进行登录。3.x 版本的 IoTHub 软件安装成功后，系统会自动生成管理员用户 admin。

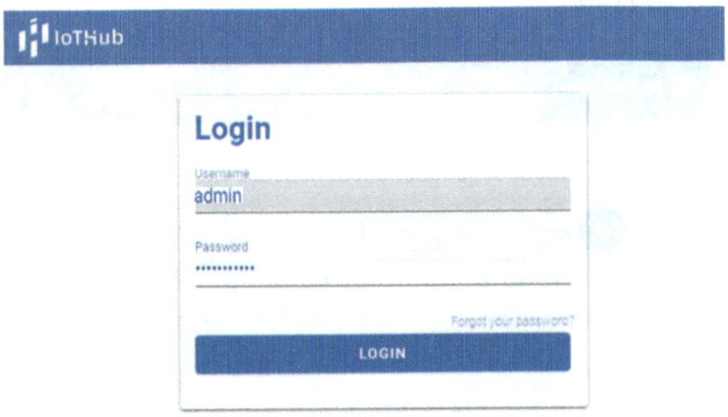

图 2-9　IoTHub 平台登录界面

登录成功后，系统进入 IoTHub 操作界面（图 2-10），具体包括以下内容：

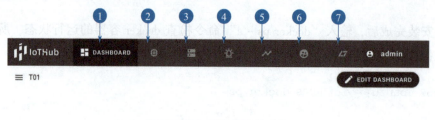

图 2-10　IoTHub 操作界面

①Dashboard（数据看板）界面：通过选择并配置适当的组件，能够以可视化视图的方式显示平台中的数据。

②Things（设备管理）界面：负责配置及管理现场通信设备、系统或产品，也可通过属性参数直接监控数据信息。

③Agents（协议驱动）界面：用于管理协议解析所需的驱动应用程序。

④Alarms（报警中心）界面：通过对平台中相关数据设定监视条件，可在现场发生异常情况时及时发出报警提示。

⑤Workflows（脚本）界面：给数据提供云端算法建模的编程环境。

⑥Management（管理中心）界面：用于新建或管理平台上的用户。

⑦AppDesigner（App 开发工具）界面：支持用户根据实际的业务需求进行工业 App 的开发与发布。

下面简要介绍每个界面的功能和使用方法。

1. Dashboard（数据看板）界面

成功登录 IoTHub 平台后，默认显示的是 Dashboard 界面，用户通过在该界面中添加饼图、线图和仪表盘等组件，能够实现以可视化方式展示平台数据的功能。

如图 2-11 所示，单击"≡"按钮，打开 Dashboard 列表，继续单击列表上方的"+"按钮，新建一个数据看板。

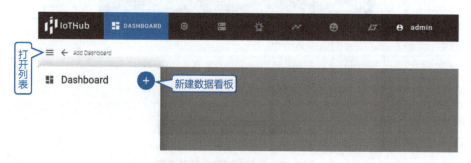

图 2-11　新建 Dashboard

在编辑模式下单击"+ ADD WIDGET"按钮，选择相应的组件进行添加（图 2-12），用户可根据需要选择饼图、线图和仪表盘等插入看板。

图 2-12　添加组件

2. Things（设备管理）界面

Thing 是一个抽象概念，对应的是现场数据采集设备。这个设备可以是硬件设备，如支持 S7 协议或 OPC UA 协议的 PLC、RFID、数据库等（表 2-1），也可以是虚拟设，并且 Thing 与设备之间是一一对应的关系。

表 2-1　Thing 的类型

类型	生产商	备注
Spider67 Mobile	ELCO	
Pick-To-Light（PTL）	ELCO	
RFID Q-Series Scanner	ELCO	ELCO 生产的 Q 系列读写器
OPC Unified Architecture（OPC UA）	—	
Modbus TCP	—	
Generic MQTT	—	
Siemens Simatic S7	Siemens	
Virtual Thing	—	由用户进行定制的虚拟设备

在 Things 界面（图 2-13）中，用户可执行 Thing 的创建、编辑或修改操作。

1）单击列表上方的"+"按钮，新建 Thing（注意：每个 Thing 的名称必须是唯一的）。创建成功后，其名称将显示在左侧的 Thing 菜单中。

2）单击左侧菜单中 Thing 的名称，右侧窗口将显示其属性信息。

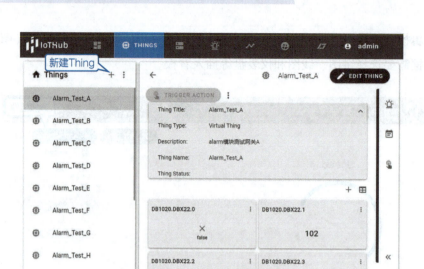

图 2-13　Things 界面

3. Agent（协议驱动）界面

Agent 是一种独立的应用程序，可以内嵌在边缘网关模块中。如图 2-14 所示，通过在边缘网关模块中安装并运行相应的协议驱动程序，可实现在某种通信协议下与一个或多个现场设备的数据交互，采集到的数据将进一步上传到 IoTHub 平台中。

注意：相同协议的设备可共用同一个 Agent，不同协议的设备必须使用不同的 Agent。

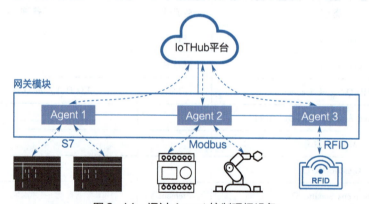

图 2-14　通过 Agent 控制现场设备

由于通信协议与 Agent 之间是一一对应的关系，因此在同一个边缘网关模块中可能需要同时运行多个 Agent 应用程序。为了更好地对 Agent 进行控制管理，一般会在边缘网关模块中安装 Agent controller（协议驱动控制器）。

在使用边缘网关模块时，用户可先安装并运行协议驱动控制器，此时在 IoTHub 平台中将自动生成对应的协议驱动控制器项，通过与该协议驱动控制器关联，可直接执行 Agent 的下载、解压和安装，并能控制 Agent 的启动、停止和重置（图 2-15）。

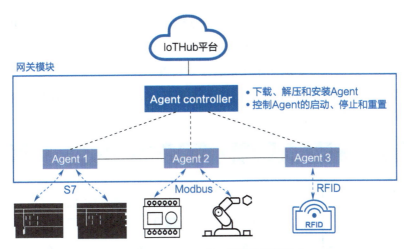

图 2-15 Agent controller 用于控制管理 Agent

在 Agents 界面（图 2-16）中，用户可创建 Agent 并查看其属性信息。

> **注意**：当用户创建一个新的 Agent 时，系统会自动为其生成唯一的 Token 和 ID。

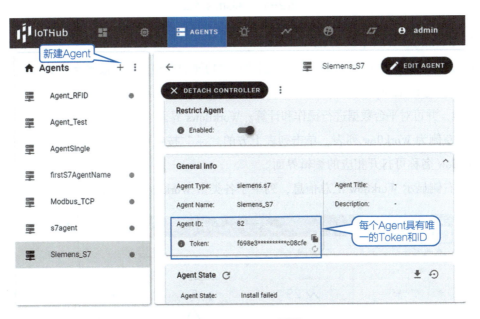

图 2-16 Agents 界面

4. Alarms（报警中心）界面

Alarms 是 IoTHub 的可选功能，用于监视系统中的变量是否出现危险信号（危险信号限值需要提前设定）。出现危险信号会触发系统产生报警信息，并且系统将以预先设定的反应方式向相关工作人员发送通知（如通过电子邮件）。Alarms 界面（图 2-17）的构成如下：

1）左侧菜单显示报警监控功能的三个选项，包括 Alarms、History 和 Templates。Alarms 用于创建或编辑报警信息。在 History 中能够查看历史报警信息。Templates 用于定义报警响应模板，该模板可重复使用在报警参数设置中。

2）右侧显示报警汇总信息，包括已定义报警数、激活报警数和未激活报警数，单击任一项可打开其详细信息界面。

图 2-17　Alarms 界面

5. Workflows（脚本）界面

Workflow 提供了一种在 IoTHub 平台创建独立功能的方法，可完成平台内数据的交互与处理。它通过 JavaScript 语言编程，可实现从/向数据库、API 和其他外部系统导入和导出数据的功能，并可对平台数据进行操作和计算。Workflows 界面（图 2-18）的构成如下：

1）左侧为 Workflow 列表，单击列表上方的"+"按钮可新建 Workflow，单击列表中的 Workflow 名称可打开相应的编辑界面。

2）右侧显示 Workflow 汇总信息，列举了各类型 Workflow 的数量。

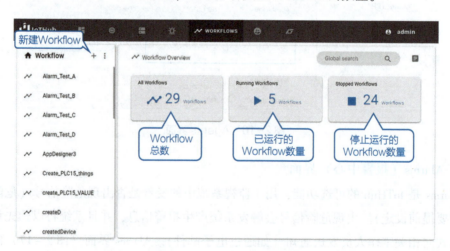

图 2-18　Workflows 界面

6. Management（管理中心）界面

Management 用于管理平台的用户信息，涵盖 Users（用户管理）、Groups（组管理）和 Roles（角色管理）。

1) Users（用户管理）：针对用户账号基本信息的管理，支持新建、编辑、查询或删除用户，以及设置密码的功能。

2) Groups（组管理）：以组为单位的相关人员信息的管理，支持新建、编辑或删除组信息。

3) Roles（角色管理）：针对用户角色相关信息的管理，支持新建、编辑或删除用户角色，并可为角色分配权限。不能直接为用户分配操作权限，而是要先将操作权限分配给角色，再通过关联用户与角色的方式使用户获取相应的权限。

Management 界面（图 2-19）的构成如下：

1) 左侧菜单显示三个管理功能选项，以及一个查看 License 信息的选项（License 用于打开许可证管理信息界面，以查看许可证信息）。

2) 右侧显示用户汇总信息，包括系统内的 User、Group 及 Role 的数量，单击任一项可打开相应的列表信息。

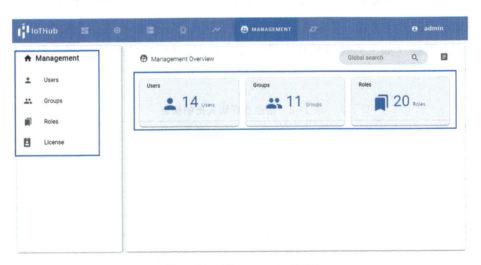

图 2-19　Management 界面

7. AppDesigner（App 开发工具）界面

AppDesigner 是一个可以通过 IoTHub 平台获得的单界面应用程序，无需进行本地安装。单击 IoTHub 平台的 "▰" 按钮即可进入其初始界面（图 2-20）。它允许用户使用无代码开发方法创建工业 App，因此用户无需编写源代码即可定义工业应用的 UI 和应用逻辑。

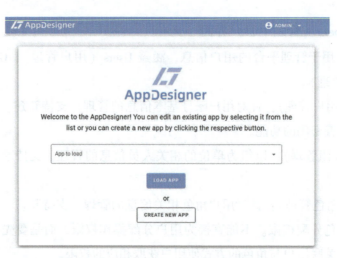

图 2-20　AppDesigner 应用程序初始界面

2.2.4　IoTHub 用户的创建

IoTHub 平台的用户管理功能支持为现场人员创建用户，并可根据用户的现场监控需要设定其操作权限，以有效防止人为误操作故障的发生。

以企业生产管理为例，Super_admin（管理员角色，系统安装过程中自动创建的角色）作为级别最高的用户角色，其隶属用户拥有对系统内所有设备及数据的操作权限，相应地也拥有向下级（如工程师或操作人员）分配权限的权力。某企业现场人员的信息见表 2-2，其中：

表 2-2　某企业现场人员的信息

用户名	邮箱	角色（Role）	密码
Linjun01	Linjun@163.com	Super_admin	123456
Zhangyi0102	Zhangyi@163.com	Asset1_Engr & Asset2_Engr	234567
Wangning01	Wangning@163.com	Asset1_Oper	345678
Fangyong01	Fangyong@163.com	Asset1_Oper	456789

1）Linjun01 为现场管理员，拥有对所有数据的监控权限，并可对下级用户进行管理。

2）Zhangyi0102 为 Asset1 和 Asset2 区域的工程师，拥有该区域下所有设备的监控权限，另外还具有管理用户信息的权限。

3）Wangning01 和 Fangyong01 均为 Asset1 区域的操作员，均只拥有对 Asset1 区域中设备的查看权限。

注意：执行以下操作前，应确保当前所使用的登录用户具有管理员权限（如系统在安装时自动创建的用户 admin），或是隶属于 super_admin 角色的用户。

1. 创建用户（User）

首先要为每位操作用户创建一个唯一的用户名。

1）单击"MANAGEMNENT"进入 Management 界面，在左侧菜单中单击"Users"进入用户管理界面，如图 2-21 所示。

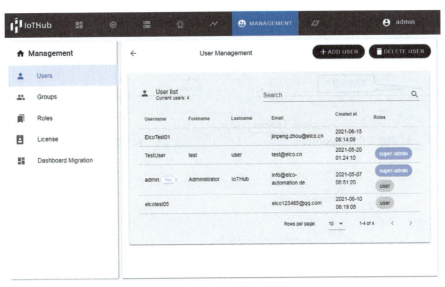

图 2-21 用户管理界面

2）单击用户管理界面右上角的"+ ADD USER"按钮创建新用户。结合表 2-2 中的信息完成用户 Linjun01 的参数设置，然后单击"CONFIRM"按钮，如图 2-22 所示。

图 2-22 创建管理员用户

3）重复以上步骤，分别创建用户 Zhangyi0102、Wangning01 和 Fangyong01，如图 2-23所示。

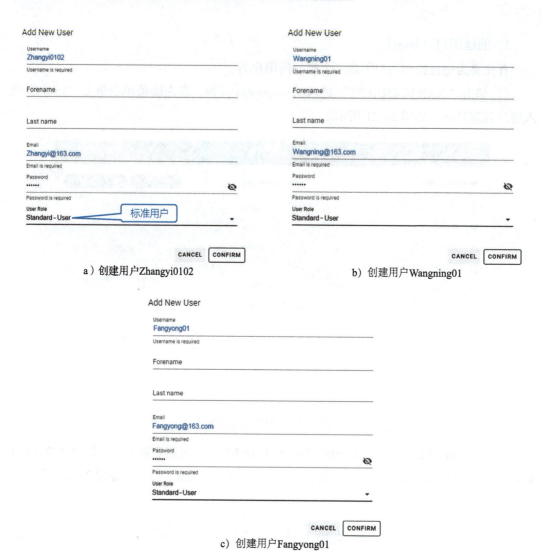

a）创建用户Zhangyi0102　　　　　　b）创建用户Wangning01

c）创建用户Fangyong01

图2-23　创建标准用户

通过以上操作完成用户的创建，并得到用户列表（图2-24）。

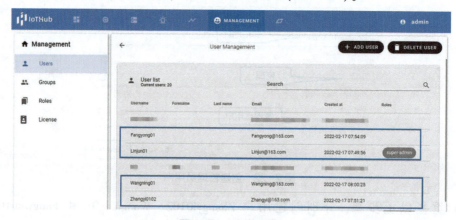

图2-24　用户列表

2. 创建角色

下面根据不同用户对现场的操作权限需求，创建与之对应的角色。

1）单击左侧菜单中的"Roles"，进入 Roles 管理界面（图 2-25）。

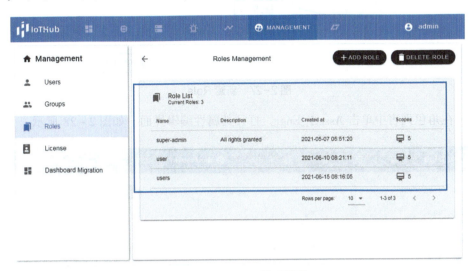

图 2-25　Roles 管理界面

> **注意**：图 2-25 所示列表中的 super-admin 是系统自动创建的 Role，用户无需手动创建，属于该 Role 的用户具有对 IoTHub 平台所有数据的监控权限。若在创建用户时将 User Role 参数设置为"Super Admin"，该用户将被自动分配到 super-admin 中，如图 2-26 中的用户 Linjun01，即用户 Linjun01 在创建完成后，就已经成为 IoTHub 平台的管理员账户。

图 2-26　用户列表

2）参照表 2-2，继续创建工程师和操作员权限的 Role。单击 Roles 管理界面右上角的"+ADD ROLE"按钮，创建新 Role。在"Name"中输入名称"Asset1_Engr"，在"Description"中输入描述信息，最后单击"CONFIRM"按钮，如图 2-27 所示。

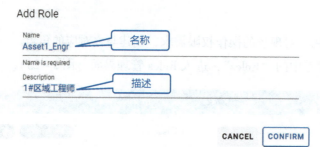

图 2-27 新建 Role

3）在角色列表中单击 Asset1_Engr，打开其属性编辑界面，如图 2-28 所示。

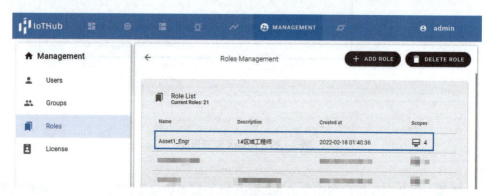

图 2-28 打开 Asset1_Engr 的属性编辑界面

4）单击界面右上角的"EDIT ROLE"按钮，进入编辑状态，如图 2-29 所示。

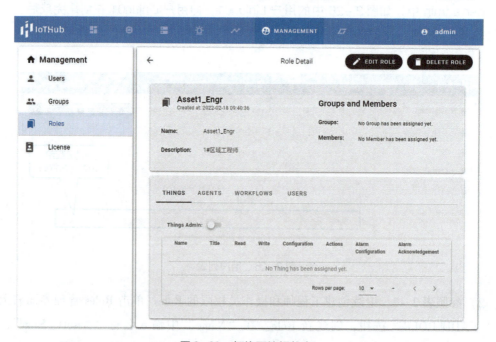

图 2-29 切换至编辑状态

5)此时界面下方出现 Role 的附加权限设置选项卡,支持 THINGS、AGENTS、WORKFLOWS 和 USERS 的操作权限设定。Asset1_Engr 作为1#区域工程师,拥有管理用户信息的权限,如图2-30所示,选择"USERS"选项卡,使能"Users Admin"参数,然后单击"CONFIRM"按钮。

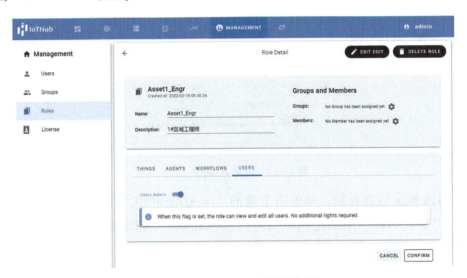

图2-30 设置 Role 的操作权限

> **注意**:THINGS、AGENTS 和 WORKFLOWS 同样也可以分配给 Role。以 THINGS 为例,进入"THINGS"选项卡,界面中将显示当前系统中已创建好的设备列表(如用户尚未创建设备,则该列表信息为空,第3章将介绍设备的创建方法),此时通过使能"Things Admin"参数,可支持该 Role 中用户对全部 Thing 的所有操作,也可以通过列表对相应 Thing 的特定操作权限进行单独设置(图2-31)。

图2-31 设置 Things 操作权限

6）重复步骤2）~5），创建 Asset2_Engr，如图2-32所示。

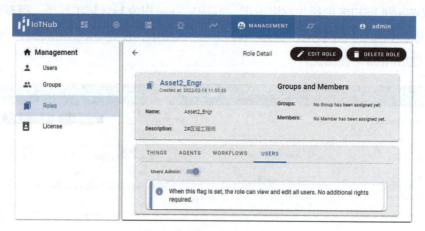

图2-32　创建 Asset2_Engr

7）回到 Role 管理界面，单击右上角的"+ADD ROLE"按钮，创建新 Role。在"Name"中输入名称"Asset1_Oper"，在"Description"中输入描述信息，最后单击"CONFIRM"按钮，如图2-33所示。

注意："Asset1_Oper"代表 1#区域操作员，不具有管理用户信息的权限，因此不再对其进行 USERS 操作权限的设定。

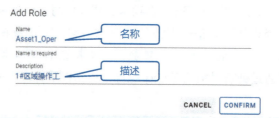

图2-33　创建 Asset1_Oper

创建成功后，所有角色将显示在列表中，如图2-34所示。

图2-34　Roles 列表显示

3. 创建组（Group）

创建组用于在 Group 中建立用户与角色之间的关联。

1) 单击左侧菜单中的 Groups，进入 Groups 管理界面，如图 2-35 所示。

图 2-35　Groups 管理界面

2) 单击界面右上角的"+ ADD GROUP"按钮，创建新 Group。结合表 2-2 中的信息，创建名为 Asset1_Oper 的操作员组，如图 2-36 所示。

图 2-36　创建 Asset1_Oper

3) 在 Group 列表中单击 Asset1_Oper，打开其属性编辑界面，如图 2-37 所示。

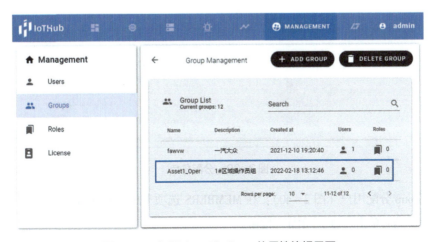

图 2-37　打开 Asset1_Oper 的属性编辑界面

4）选择界面右上角的"EDIT GROUP"按钮，进入编辑状态，如图2-38所示。

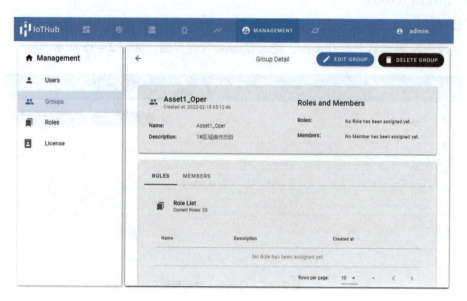

图2-38 切换至编辑状态

5）此时界面下方的 ROLES 和 MEMBERS 选项卡进入可编辑状态。

①为 Group 分配角色（图2-39）：在 ROLES 选项卡中选择 Asset1_Oper 前的复选框。

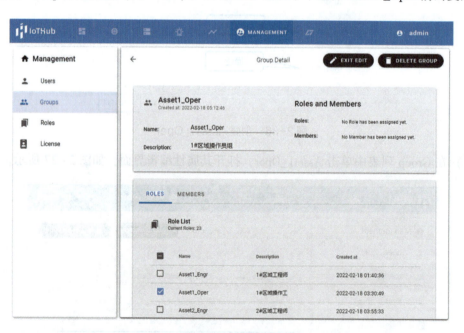

图2-39 分配角色

②为 Group 分配用户（图2-40）：在 MEMBERS 选项卡中选择 Wangning01 和 Fangyong01 前的复选框，然后单击"CONFIRM"按钮。

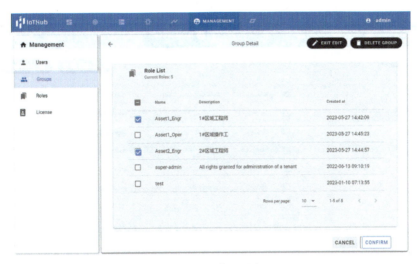

图 2-40　分配用户

6）采用同样的方法创建名为 Asset1_and_2_Engr 的 Group，如图 2-41 所示。

图 2-41　创建 Asset1_and_2_Engr

7）进入其属性窗口，为其分配角色（Asset1_Engr 和 Asset2_Engr）和用户（Zhangyi0102），如图 2-42、图 2-43 所示。

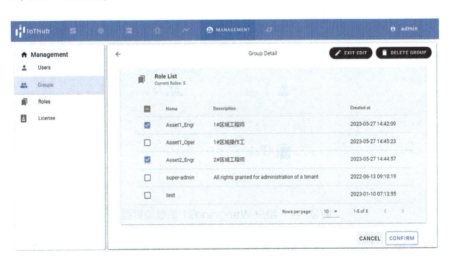

图 2-42　分配角色

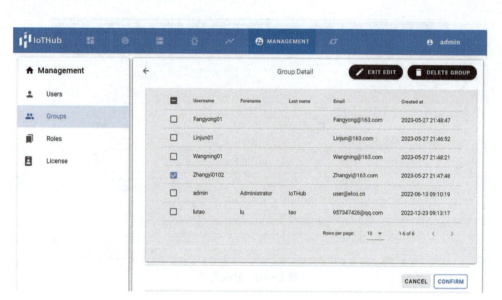

图 2-43　分配用户

2.2.5　登录和退出 IoTHub

打开浏览器，在地址栏中输入 IoTHub 的 URL 后按〈Enter〉键，进入登录界面。输入 Wangning01 的用户名和密码进行登录，登录后如图 2-44 所示：右上角显示用户名信息，基于前边的设定，该用户作为 1#区域操作工，不具有用户管理功能的操作权限。

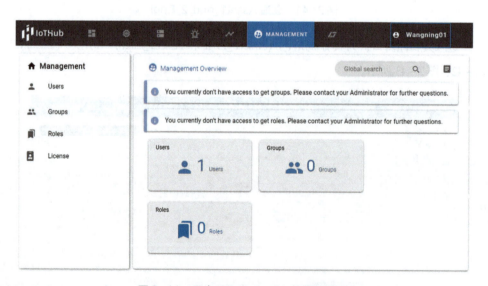

图 2-44　用户 Wangning01 的登录界面

单击用户 Wangning01，在菜单中单击"Logout"退出登录，如图 2-45 所示。

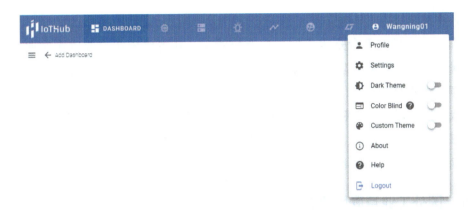

图 2-45　退出登录

在登录界面输入 Zhangyi0102 的用户名和密码，该用户作为 1# 和 2# 区域工程师，具有用户管理功能的操作权限，管理中心界面显示如图 2-46 所示。

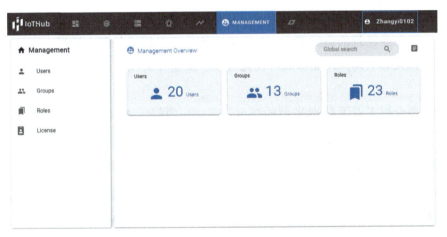

图 2-46　用户 Zhangyi0102 的登录界面

2.3　工业互联网平台发展现状

伴随着市场的逐渐成熟，以及不同主体间竞争的加剧，工业互联网平台逐步发展成为"单个平台聚焦业务方向，不同平台间加强分工与合作"的重要趋势。一方面，各类平台依托原有核心优势选择 2~3 个业务方向进行聚焦，着重发力；另一方面，聚焦不同业务的平台以合作的方式实现完整的平台解决方案。

纵观工业互联网平台在全球的发展，美国、欧洲和亚太地区是工业互联网平台发展的重要区域。

美国工业互联网平台的发展具有显著的集团优势，一方面有众多巨头企业（如 GE、微软、亚马逊、罗克韦尔、思科、艾默生和霍尼韦尔等）积极布局了工业互联网平台，另一方面各类初创企业不断带动平台技术的创新，预计未来一段时间里，美国工业互联网平台还将继续保持主导地位。

欧洲工业互联网平台是美国的主要竞争对手，其主要依托工业巨头企业西门子、ABB、博世和施耐德等在基础制造业中的优势，持续加大工业互联网平台的投入，促进欧洲平台领域迅速发展。

亚太地区工业互联网平台的发展增速最快，未来很可能成为工业互联网平台的最大市场。日本的三菱、日立、日电、东芝和发那科等企业在不断地开展平台的研发与应用探索，而中国大陆的工业化需求也不断促进工业互联网平台的飞速发展。

2.3.1 国外工业互联网平台

2015 年，GE 开放了全球第一个工业互联网平台，立即引发全世界各类企业积极参与工业互联网平台的布局，不同领域不断涌现新的平台产品，如西门子 MindSphere、KUKA Connect、安川 MMcloud、霍尼韦尔 Sentience、日立 Lumada 和东芝 SPINEX 等，各平台成为企业围绕自身产品提供增值服务的良好载体。此外，信息、通信和技术类企业不断加强自身平台对工业场景的适配能力，如微软、亚马逊提供了各类大数据、人工智能方面的通用算法框架和工具，并能形成可视化管理、质量分析优化和预测性维护等工业解决方案。

下面简要介绍工业互联网平台的杰出代表——西门子 MindSphere 平台和 GE Predix 平台。

1. 西门子 MindSphere

西门子公司于 2016 年推出的 MindSphere 是基于 Cloud Foundry™ 构建的开放式物联网操作系统。它可以部署在公有云上，如 Amazon Web Services、Microsoft Azure、SAP Cloud 平台和 Atos Canopy，也能够部署在专为某个企业构建的私有云上。MindSphere 作为一个 PaaS 平台，允许用户在其中集成自己的应用程序和服务。

企业通过 MindSphere 能够实现真实世界中产品、机器和系统的连接，采集现场设备数据，以提取并分析出真实的设备性能和应用数据。其功能结构如图 2-47 所示，主要功能如下：

1）创建和管理客户。

2）创建、管理和编辑资产。

3）通过 MindConnect 收集现场设备数据（设备可采用 S7、OPCUA、Modbus RTU 或 Modbus TCP 通信协议），并传送到 MindSphere。

4）可视化和更新数据（时间序列）。

5）展示数据点，开启资产的状态请求。

6）管理在线资产和规则引擎。

7）开发新应用。

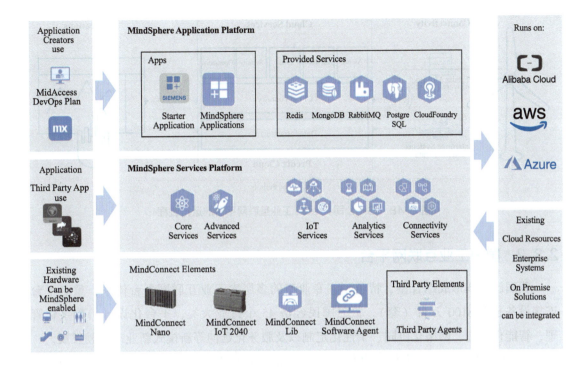

图2-47 西门子MindSphere工业互联网平台的功能结构

2. GE Predix

GE公司创建Predix的目的是满足工业企业对数字化发展趋势的独特需求，它具有连接工业设备、采集并分析工业数据、实现基于数据分析的设备管理、设备预测性维护等功能。使用Predix可以连接任何厂商与型号的机器资产，快速构建并交付高级应用，以便将运营数据转换为可执行的见解。在工业应用的构建、部署与运营方面，Predix能够向用户提供所有所需的项目，助力用户完成对工业互联网的管控。

Predix平台的运行过程如图2-48所示。其中Predix Machine（Predix机器）负责从现场设备处收集数据，并将其推送到Predix Cloud（Predix云）的软件层，同时还可以运行本地应用程序进行边缘处理与分析。Predix不仅能够提供与现场设备之间安全的连接，还可为终端设备提供安全、身份验证和管理服务。

在使用Predix的情况下，GE数字化集团与其合作伙伴可以交付各种各样的应用与分析服务，有助于推进下列核心业务成果的实现。

1）机器与设备健康管理。

2）预见性维护策略。

3）制造自动化与效率。

4）物流管理优化。

5）机器与工厂操作员智能化。

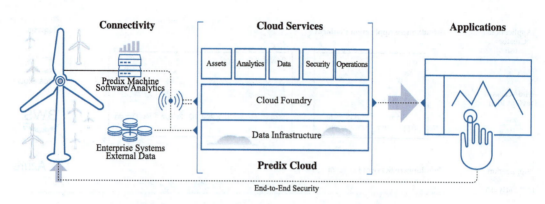

图2-48　GE公司Predix工业互联网平台的运行过程

2.3.2　国内工业互联网平台

我国已基本形成综合型、特色型、专业型的多层次工业互联网平台体系，重点平台连接设备超过8100万台（套），覆盖国民经济45个行业大类，平台化设计、数字化管理、智能化制造、网络化协同、个性化定制以及服务化延伸等新模式新业态蓬勃发展。

从2021年开始，工业和信息化部每年发布《跨行业跨领域工业互联网平台名单》（简称"双跨"平台名单），同时在《新一代信息技术与制造业融合发展试点示范名单》中公布入选的特色专业型工业互联网平台名单。这些入选平台代表了我国工业互联网平台的发展水平。2022年，共有28个平台入选国家级"双跨"平台，88个平台入选特色专业型平台。

下面简要介绍航天云网INDICS、用友精智和海尔卡奥斯COSMOPlat三个"双跨"工业互联网平台。

1. 航天云网INDICS工业互联网平台

航天云网INDICS工业互联网平台由中国航天科工集团公司于2017年6月15日在全球正式发布，其定位是工业级操作系统，可为用户提供设备接入、数据接入、设备管理、数据存储、数据分析和数据建模等服务。

该平台能够提供IaaS基础设施、PaaS应用运行环境以及SaaS应用的快速开发和部署功能，支持工业设备的快速接入，在配套工业大数据服务的同时，还为工业级企业提供基于"互联网+智能制造"智能研发、智能生产、智能服务、智能商务全生命周期的应用服务。图2-49所示为航天云网INDICS工业互联网平台的功能架构，它拥有开放的云服务框架，向下面向接入层，支持各类工业设备、工业服务的接入及管理；向上支撑应用层，提供INDICS-OpenAPI软件接入接口，支持面向不同业务的应用通过接口使用平台资源。平台还提供基于平台开发的原生应用App，主要包括面向设计、生产、服务和管理的CRP、C-PDM、CMES和CIS等。

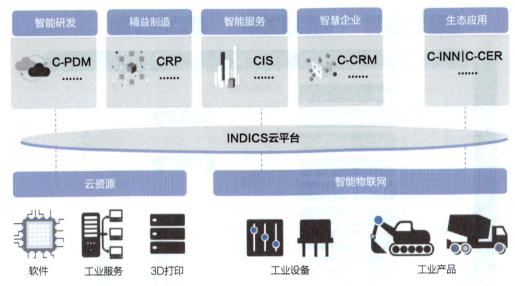

图2-49 INDICS 工业互联网平台的功能架构

2. 用友精智工业互联网平台

用友精智工业互联网平台是用友网络科技股份有限公司于 2017 年 8 月 19 日发布的工业互联网平台，是用友 YonBIP 商业创新平台面向工业领域的全面应用，是面向工业企业的社会化智能云平台，其核心理念为连接、协同、共享，集综合型、融合化和生态式于一体，能够实现跨行业、跨领域及跨区域服务。

用友精智工业互联网平台强大的中台能力可帮助企业构建与社会资源之间的全要素、全产业链及全价值链连接，可面向跨企业协同提供社会化交易、社会化协同和社会化赋能服务。用友精智工业互联网平台架构如图 2-50 所示。

1）IaaS 层基于虚拟化、分布式存储、并行计算及负载均衡等技术，可实现网络、计算和存储等计算机资源的池化管理，能够根据需求进行弹性分配，并确保资源使用的安全与隔离，为用户提供完善的云基础设施服务。

2）PaaS 层由基础技术支撑平台、容器云平台、工业物联网平台、应用开发平台、移动平台、云集成平台、服务治理平台以及 DevOps 平台等组成。在基础设施、数据库、中间件、服务框架、协议和表示层，平台均支持开放协议与行业标准，并具有广泛的开放性，可适配多种不同的 IaaS 平台。

3. 海尔卡奥斯 COSMOPlat 工业互联网平台

海尔卡奥斯 COSMOPlat 是具有中国自主知识产权的、全球首家引入用户全流程参与体验的工业互联网平台，同时它还是中国最早一批探索工业互联网的平台，其总体功能如图 2-51 所示。

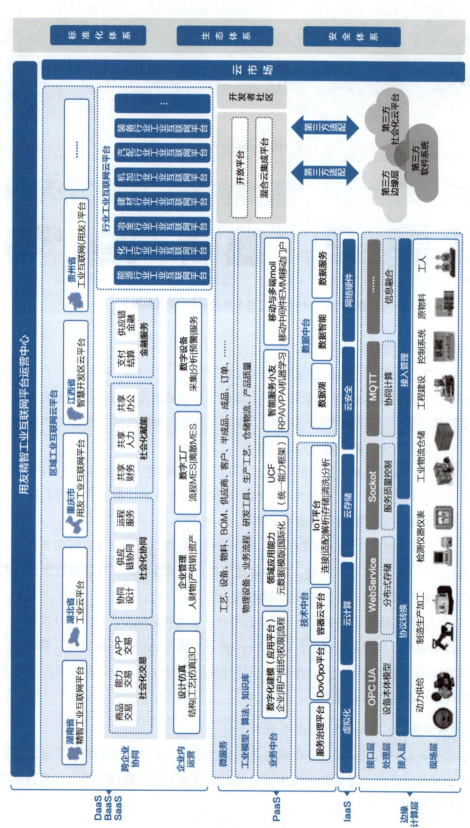

图2-50 用友精智工业互联网平台架构

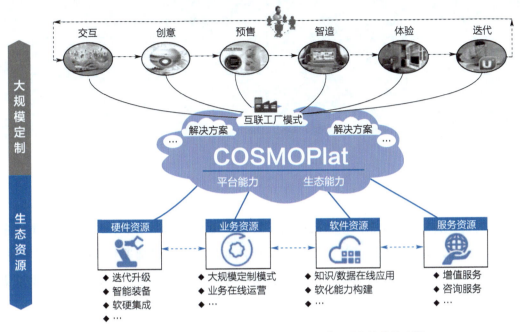

图 2-51 海尔卡奥斯 COSMOPlat 工业互联网平台的总体功能

海尔卡奥斯 COSMOPlat 是海尔通过多年大规模定制探索与实践推出的以用户大规模定制为核心的工业互联网平台，支持用户全流程参与产品设计研发、生产制造、物流配送和迭代升级等环节，让用户全流程参与和体验工业互联网平台，真正将用户需求和整个智能制造体系连接在一起。在海尔卡奥斯 COSMOPlat 平台上，用户可通过社群交互向终身用户演化；互联工厂则推动大规模生产向大规模定制转变，实现高精度下的高效率。让"用户驱动"成为企业不断创新、提供产品解决方案的原动力，把以往"企业和用户之间只是生产和消费关系"的传统思维转化为"创造用户终身价值"。

第 3 章
边缘层与工业大数据采集

现场设备层为工业互联网平台提供底层的数据支撑，但是当面对工业现场种类繁多的设备、网络及通信协议时，工业互联网平台该如何进行网络部署和数据采集配置呢？针对这个问题，本章重点介绍工业互联网边缘层的关键设备和技术，讲解工业数据采集的主要方式和方法，并通过实例演示工业大数据采集的完整过程。

3.1 边缘层的关键设备和技术

边缘层为海量现场设备提供连接和管理功能，是工业互联网平台的主要数据来源。常见的现场设备有工业机器人、数控机床、PLC 和人机界面终端等，海量的工业设备可能采用多种不同的接口连接网络，并选择多种不同的协议进行通信。不同厂家甚至同一厂家不同系列的设备接口与协议都可能不同，这种现象被称为"多源异构"。边缘层要对现场设备进行大范围、深层次的数据采集，并通过协议转换实现海量工业数据的互联互通和互操作，为此首先需要部署边缘设备，主要包括边缘网关、PLC 等。此外，还需要支持尽可能多的工业网络协议和数据接口。

3.1.1 边缘网关

1. 边缘网关的基本概念

网络都有一定的边界，边界内的节点之间可以直接通信，当节点想要与边界之外的节点通信时，就需要借助网关模块。这就相当于两个独立的房间，想要从一个房间进入另一个房间，就要经过一扇门或一个通道，这里的门或通道就可以理解为网关。也就是说，网关就是一个网络连接到另一个网络的"关口"。

现代人的工作、生活、学习和娱乐，样样都离不开网络，在连接网络时使用的家用路由器就是实现用户接入广域网的家庭网关。网关作为连接家庭/办公局域网与外部网络的接口单元，不仅能实现局域网内部终端设备之间的连接，还可实现局域网与电信网络的连接及数据传输。

边缘网关是部署在网络边缘侧的网关模块，它面向的对象是工业应用装置及设备，负责工业控制设备、物联网设备和云端应用的连接，支持工业现场的多种通信协议和通信方式，是工业控制系统的核心组件，其基本功能相当于翻译器，可实现一个网络环境与另一个网络环境的连接通信。如图3-1所示，边缘网关模块可通过多种网络连接方式采集不同协议的下位机数据，并上传到 IoTHub 平台。

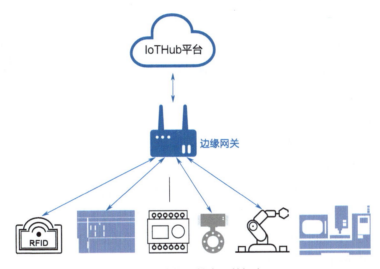

图3-1　边缘网关实现数据交互

2. 边缘网关产品实例——宜科 EDGE-BOX 系列边缘网关

EDGE-BOX 系列边缘网关是天津宜科自动化股份有限公司面向工业互联网和物联网领域推出的具备 4G/5G 及边缘计算能力的网关产品，可满足现场设备远程数据采集、远程编程和报警管理等需要。它是一款专为数据收集和处理而设计的小型工业 PC，可充当网络组件或网络接入点，连接公司内部局域网或因特网。网关模块不仅能从现场设备中收集数据，还能在必要时对数据进行预处理，然后将数据上传到云端或服务器。

IoTHub 工业互联网平台搭配 EDGE-BOX 系列边缘网关产品，可有效解决工业制造领域在各个场景下与各类机器及设备的控制器、传感器和物联网智能终端的连接问题，并支持多种典型的工业现场协议，如 OPC UA、Modbus TCP、S7 和 MQTT 等。

EDGE-BOX 系列边缘网关目前有 EDGE-A5 和 EDGE-A7 两种型号（表3-1），机身采用全金属外壳设计，布局紧凑，具备丰富的接口，可以支持主流的 4G/5G 无线网络和多种宽带网络连接服务，确保目标设备完成网络接入、协议解析、数据互联互通等工业互联网应用。

表 3-1　EDGE-A5 和 EDGE-A7 型号产品对比说明

型号	处理器及内存	以太网通信接口	串行通信接口	扩展存储
EDGE-A5	采用全志 A40i 双核处理器，支持 1G 内存和 8G Flash	配有两个千兆以太网口	支持 1 路 RS485，1 路 RS232 串口协议通信的串口接入端	支持最大 64GB 外部 TF 卡存储
EDGE-A7	采用 Cortex-A7 双核处理器，最大支持 2G 内存和 16G Flash	具有多个千兆以太网口，最大支持 1 个 WAN/LAN 口，两个 LAN 口，可实现工业路由器功能	支持 2 路 RS485，1 路 RS232 串口协议通信的串口接入端	支持最大 128GB 外部 TF 卡存储

3. EDGE-A5 系列产品

EDGE-A5 系列产品具备较强的数据处理及应用扩展能力，可以满足典型的工业互联网边缘层现场机器设备联网及数据汇聚需求。

（1）产品特性

1）采用全志 A40i 双核处理器，主频 1GHz，支持 1G 内存和 8G Flash，具有强大的边缘计算、控制和处理能力。

2）支持最大 64GB 外部 TF 卡存储，以增大现场数据存储量。

3）支持 4G 全网通数据传输，可满足工业现场多数使用场景。

4）具有千兆、百兆以太网口，支持 1 个 WAN 口，1 个 LAN 口，可实现工业路由器功能。

5）支持 1 路 RS485，1 路 RS232。

6）支持加装第三方软件和驱动，可实现边缘层设备接入方案本地部署管理。

7）具有丰富的本地配置工具，可以方便查看、配置和控制边缘网关及所接入的周边设备。

8）支持 Python 编程，便于边缘计算功能的开发与扩展。

（2）硬件接口说明　EDGE-A5 的设备接口分布在模块正面及侧面，包括电源接口、网口、RS232 接口、RS485 接口和 SIM 卡槽等，各接口的位置如图 3-2 所示。

图 3-2　EDGE-A5 硬件接口说明

注意: 1) 长按复位按键 (Reload) 5s 左右,设备将自动恢复默认配置并重启。
2) 调试接口 (Debug 接口) 为 TTL 接口,用于专业工程师调试使用,不对用户开放,如有特殊需要,可联系 eiot@elco.cn。

如图 3-3 所示,EDGE-A5 产品端面上方有 5 组指示灯,各指示灯状态说明见表 3-2。

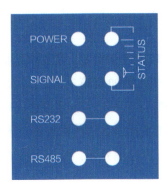

图 3-3 EDGE-A5 的指示灯

表 3-2 EDGE-A5 产品指示灯状态说明

指示灯	描述	状态说明
POWER	电源指示灯	正常通电后点亮
RS232	RS232 数据指示灯	RS232 接口收发数据时闪烁
RS485	RS485 数据指示灯	RS485 接口收发数据时闪烁
SIGNAL	状态指示灯	可联网时亮
STATUS	网络信号强度指示灯	共有两个信号灯 1) 1 个灯亮,信号一般 2) 2 个灯亮,信号很好

4. EDGE-A7 系列产品

与 EDGE-A5 相比,EDGE-A7 系列产品具备更强的数据处理及应用扩展能力,还具有边缘计算能力扩展、数据传输安全性、无线网络管理及覆盖服务等特性。

(1) 产品特性

1) 采用 Cortex-A7 双核处理器,具有多种规格内存和 Flash 硬件,最大支持 2G 内存和 16G Flash,具有强大的边缘计算、控制和处理能力。

2) 支持最大 128GB 外部 TF 卡存储,以增大现场数据存储量。

3) 支持内置 4G/5G DTU 功能。

4) 支持 5G 高速数据传输,可满足工业现场多数使用场景,也可选 4G 全网通。

5) 支持双 SIM 卡备份和 VRRP 技术,使网络连接更稳定。

6）可选蓝牙和北斗/GPS 定位功能。

7）具有多个千兆以太网口，最大支持 1 个 WAN/LAN 口，两个 LAN 口，可实现工业路由器功能。

8）支持 2 路 RS485，1 路 RS232。

9）支持 4 路数字量 I/O 输入，1 路数字量 I/O 输出，1 路继电器输出。

10）最大支持 2 路模拟量输入。

11）最大支持 1 路 CAN。

12）支持 Modubs、Modbus TCP 和 OPC UA 等多种工业协议。

13）支持 Docker，方便用户灵活加装第三方软件和驱动，包括 S7、Modbus TCP、OPC UA 多种 Agent，或宜科 IoTHub 云平台，可实现边缘层设备接入方案本地部署管理。

14）支持 VPN 功能，支持 TLS 无线数据传输加密技术，支持 SNMP 协议。

15）具有丰富的本地 Web 配置管理界面，可以方便查看、配置和控制边缘网关和所接入的周边设备。

16）支持 Python 编程，便于功能开发与扩展。

（2）硬件接口　EDGE-A7 的设备接口分布在模块正面及侧面，包括电源接口、网口、USB 接口、SIM 卡槽和 I/O 接口等，各接口的位置如图 3-4 所示。

图 3-4　EDGE-A7 硬件接口说明

EDGE-A7 产品端面上方有 13 组指示灯（图 3-5），各指示灯状态说明见表 3-3。

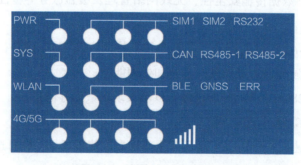

图 3-5　EDGE-A7 的指示灯

表 3-3 EDGE-A7 产品指示灯状态说明

指示灯	描述	状态说明
PWR	电源指示灯	正常通电后点亮
SIM1	SIM 卡 1 指示灯	使用 SIM 卡 1 联网时点亮
SIM2	SIM 卡 2 指示灯	使用 SIM 卡 2 联网时点亮
RS232	RS232 数据指示灯	RS232 接口收发数据时闪烁
SYS	系统工作指示灯	系统正常运行时闪烁
CAN	CAN 数据指示灯	CAN 总线收发数据时闪烁
RS485-1	RS485-1 数据指示灯	RS485-1 接口收发数据时闪烁
RS485-2	RS485-2 数据指示灯	RS485-2 接口收发数据时闪烁
WLAN	WLAN 数据指示灯	WLAN 收发数据时闪烁
BLE	蓝牙指示灯	1）蓝牙正常连接时点亮 2）收发数据时闪烁
GNSS	GPS 指示灯	GPS 正常定位时点亮
ERR	系统故障指示灯	系统运行发生故障时点亮
4G/5G	网络信号强度指示灯	共有如下 4 个信号灯： 1）1 个灯亮：信号较差 2）2 个灯亮：信号强度一般 3）3 个灯亮：信号较好 4）4 个灯全亮：信号很好

3.1.2 可编程逻辑控制器

可编程逻辑控制器（PLC，Programmable Logic Controller）是具有微处理器的数字运算控制器，专门针对工业环境下的自动控制应用而设计，其控制对象主要是工业现场的各类机电设备或生产过程。简单来说，如果把整个工业自动控制现场比作一个人的话，PLC 就相当于人的大脑，生产设备相当于人的躯体，PLC 与生产设备的结合就相当于人的大脑与躯体的结合，PLC 中运行的程序相当于人所掌握的知识与规则。众所周知，人脑可以控制人的躯体做出指定的动作，同理，PLC 也可以控制现场生产设备执行指定的操作。

世界上第一台 PLC 设备由美国数字设备公司于 1969 年研制成功，此后伴随着计算机技术、芯片技术、通信技术和控制技术的不断发展，PLC 在体积、处理能力、运行速度、存储容量和端子接线技术等方面都得到了飞速发展，其功能远超逻辑控制。现在的 PLC 已经相当于或接近于一台紧凑型计算机了，且在扩展性和可靠性方面具有显著优势。如今 PLC 作为工业界不可或缺的重要设备，被广泛应用于各类工业控制领域，可实现钢铁、石化、机械制造、汽车装配和电力系统等领域的自动控制，有效促进了工业生产率的提高。

目前全球有两百多家 PLC 制造商，国内比较知名的厂商有汇川、台达、信捷以及和利时等，国际上有德国西门子（Siemens）公司、美国 Rockwell 公司、法国施耐德（Schneider）公司、日本三菱公司和欧姆龙公司等。在我国应用比较多的主要是德国西门子公司的 S7 系列 PLC 和日本三菱公司的 FX 系列 PLC。

1. PLC 的组成

PLC 实质上是一款在工业环境下实现自动控制的计算机，其硬件结构也跟微型计算机相同，主要包括 CPU（中央处理器）、存储器、通信接口和输入/输出单元。

1）CPU：相当于人类的大脑，由控制器、运算器和寄存器组成，可不断采集输入信号，运行用户逻辑程序，刷新输出信号。

2）存储器：用于存放系统程序、用户程序和工作数据。存储器通常分为系统存储器和用户存储器两种类型。系统存储器固化在 ROM 内，用于保存 PLC 厂家编写的系统程序，掉电后数据也不会丢失。用户存储器包括用户程序存储器和数据存储器，其中用户程序存储器用于存储用户自定义的程序，即控制 PLC 的特定应用逻辑，常见的存储器类型包括 RAM、EPROM 和 EEPROM，当 PLC 断电或重启时，RAM 中的数据会被清除，因此必须使用其他非易失性存储器来保存重要的数据。

3）通信接口：用于与外部设备通信，如其他 PLC、HMI（人机界面）、计算机或其他现场设备。

4）输入/输出单元：是连接现场设备和 CPU 的桥梁，相当于系统的眼睛、耳朵、手和脚。输入单元用于接收和采集输入信号，常见的输入设备包括按钮、拨码开关、旋钮、温度传感器、压力传感器和接近开关等。输出单元用于控制输出设备，常用的输出设备包括接触器、指示灯、电机、阀门和报警装置等。

2. PLC 的连接与通信

PLC 具备强大的通信功能，在现场环境中，大量部署的多种多样的 PLC 通常可以实现以下三种通信。

（1）PLC 与计算机之间的通信　计算机主要是指安装有 PLC 编程软件的上位机，如图 3-6 所示，上位机需要使用编程电缆或网线连接 PLC。

图 3-6　PLC 与上位机的连接

（2）PLC 与 PLC 之间的通信　PLC 与 PLC 之间的通信用于实现 PLC 网络控制系统，如图 3-7 所示，它们通过相互通信、相互协作共同完成控制任务。

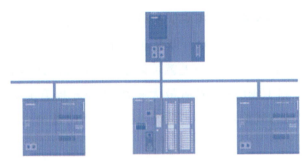

图 3-7　PLC 与 PLC 的连接

（3）PLC 与控制设备间的通信　如图 3-8 所示，能够与 PLC 通信的外部设备通常有两种：一种是通用设备，如条形码、RFID 读写器等；另一种是 PLC 内的各种智能控制设备，如变频器、伺服驱动器和温控仪等。

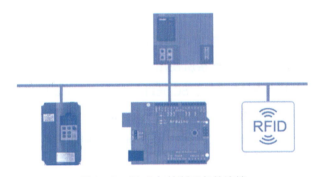

图 3-8　PLC 与控制设备的连接

不同厂家的 PLC 在建立以上三种通信时所使用的协议不尽相同，但所采用的网络通信接口通常是串行通信接口（RS232、RS485 等）或以太网接口（RJ45）。

（1）串行通信接口　串行通信接口简称为串口，是采用串行通信方式的扩展接口。串行通信时，数据在 1bit 宽的单条线路上进行传输，一个字节的数据会分成 8 次，按从低位到高位的顺序依次进行传送，其特点是通信线路简单，但传输速率低。

根据电气标准及协议，串口分为 RS232、RS422 和 RS485 等。

RS232 是最常用的一种串行通信接口，是数据终端设备（如计算机）和数据通信设备（如 PLC）之间串行通信的标准（图 3-9），具有传输线少、配线简单以及传送距离较远等特点，可实现点对点的通信方式。一直以来，该接口的应用范围非常广泛。

图 3-9　RS232 串行接线

为了打破 RS232 通信距离短、速率低的局限性，人们在 RS422 的基础上提出了另一种接口标准——RS485（图 3-10），新标准将 RS232 的单端传输方式改为差分传输方式，系统只需检测两线之间的电位差就可以了，具有抑制共模干扰的能力。其通信速率由 20KB/S 提升到 10MB/S；传输最大距离由 15m 提升到几十米甚至上千米。RS485 允许通过联网的方式构成分布式系统，通常采用的是主从通信方式，即一台主机带多台从机。

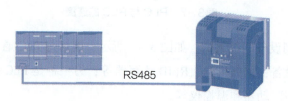

图 3-10　RS485 串行接线

（2）以太网接口　以太网是目前应用最广泛的局域网通信方式，同时它也是一种协议，以太网接口其实就是网络数据连接所使用的端口。

以太网接口类型主要有 RJ45 接口、SC 光纤接口和 Console 接口等，其中最为常见的就是 RJ45 接口。RJ45 接口由插头（也叫水晶头）和插座（模块）组成，插头有 8 个凹槽和 8 个触点，传输介质使用 8 芯双绞线（分为屏蔽型和非屏蔽型两种，屏蔽型双绞线外层的铝箔屏蔽层可增加其抗干扰能力）。

以太网的标准拓扑结构为总线型拓扑，当前快速以太网通常使用交换机来进行网络连接，形成星形拓扑结构（图 3-11），可最大限度地提高网络速度和使用效率。

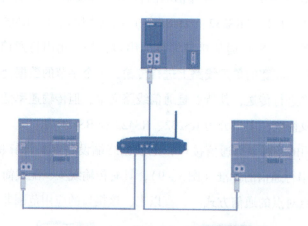

图 3-11　以太网星形拓扑结构

3. PLC 实例——西门子 S7-1200

S7-1200 是西门子公司推出的新一代模块化小型 PLC，主要由 CPU 模块、信号板、信号模块和通信模块组成（图 3-12）。

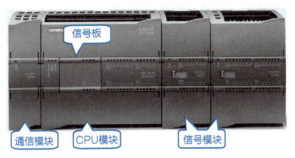

图3-12 西门子S7-1200 PLC

1）CPU模块将微处理器、模拟量/数字量输入/输出电路、PROFINET以太网接口、高速运动控制功能等整合在一起，同时每个CPU模块上还可以安装一块信号板，为控制器增加数字量或模拟量输入/输出信号。

2）CPU模块上集成的PROFINET以太网接口支持TCP/IP、ISO-on-TCP、UDP和S7协议，可以满足S7-1200 PLC与编程计算机、HMI、其他PLC或通信设备的通信需求（图3-13）。

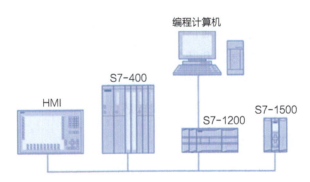

图3-13 西门子S7-1200的PROFINET通信连接

3）CPU模块左侧可安装通信模块，如PROFIBUS模块（图3-14）、IO-Link模块、点对点通信模块等，以满足控制器与现场自动化设备的双向数据通信需要。

4）信号模块即数字量或模拟量I/O模块，大部分CPU模块（除CPU1211C外）右侧可以安装信号模块，扩展能力最强的CPU可同时扩展8个信号模块。

3.1.3 工业现场总线协议

现场总线（Fieldbus）是运用在现场的总线技术。总线技术是一种非常常见的IT技术，如在计算机系统中，总线是计算机各功能部件（如CPU、硬盘、内存、音响系统、键盘和鼠标等）之间的信息传输线，用于实现整个计算机系统内各部件之间的信息传输、交换、共享和逻辑控制等功能。与计算机总线相比，现场总线的应用环境（如温度、湿度和干扰等）更加复杂，主要解决工业现场的智能仪器仪表、控制器及执行机构等现场设备间的数字通信，以及这些现场控制设备与高级控制系统之间的数据传输问题。

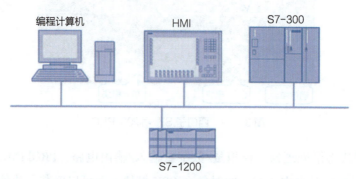

图 3-14　西门子 S7-1200 的 PROFIBUS 通信连接

国际电工委员会（IEC）标准和现场总线基金会（FF）曾给出这样的定义：现场总线是连接智能现场设备和自动化系统的数字式、双向传输、多分支结构的通信网络。据此可知，现场总线是实现自动化最底层现场控制器及各类智能仪表之间互联的实时控制通信网络。

作为自动化领域中的底层数据通信网络，现场总线将点到点式的现场设备级的模拟量（如 4~20mA、1~5V 等信号）和开关量信号单向并行传输，优化成多点一线的双向串行数字传输。现场总线具有可靠性高、稳定性好、抗干扰能力强、通信速率快、系统安全及维护成本低等特点，是自动化领域发展的热点之一。

1. 现场总线协议的基本概念

现场总线协议指的是通信双方在现场总线网络中交换信息时所建立的规则、标准或约定的集合。现场总线协议是一种开放式的协议，它采用的是公开化、标准化及规范化的通信协议，因此只要符合现场总线协议，即使是来自不同厂商的现场总线设备，也可以通过现场总线网络连成系统，实现综合自动控制。

目前市面上有大约 40 种现场总线，如 DeviceNet、Profibus、EtherCAT、Profinet、P-Net、FIP 和 Hart 等，所采用的网络结构包括 RS485 网络、Hart 网络和 CAN 网络等。

1）Profibus 是 1987 年由包括德国西门子在内的十多家公司及五个研究机构共同制订的现场总线标准，通常应用在 PLC 与现场设备的数据通信和控制中，包括 Profibus DP 和 Profibus PA 两种总线形式，工业现场较常用的是 Profibus DP，其物理接口一般采用 RS485 形式。

2）Hart 协议由罗斯蒙特公司于 1985 年推出。它在模拟量 4~20mA 信号上叠加了一个频率信号，可实现模拟信号和数字信号双向通信而不互相干扰，使用的网络为 Hart 网络。

3）Profinet 是由西门子公司和 Profibus 国际组织提出的基于工业以太网技术的新一代自动化总线标准，使用的物理接口是标准的 RJ45 以太网接口，支持以太网的星形、树型和总线型等多种拓扑结构。Profinet 具有更快的传输速度和更高的灵活性，可以很方便地构建控制器和现场设备间的通信网络，正逐步成为工业应用的首选通信协议。

读者可以多多关注基于以太网技术的现场总线，如 EtherCAT、Profinet 和 Modbus TCP 等。以太网技术不仅已成功应用于工业自动化诸多方面，也被引入现场制造过程，成为某些现场总线技术的工业网络标准。以太网现场总线可以提供更好的性能，造价更低，且安装简单、维护容易，在现场总线中的应用也在不断提高。

2. 现场总线协议实例——Modbus TCP

Modbus 是由 MODICON 公司（现在的施耐德电气公司）于 1979 年开发的一种工业现场总线协议，是第一个真正应用于工业现场的总线协议。该协议最早应用于 PLC 之间的通信，后大量应用于现场智能仪表的通信。Modbus 通信时采用 Master/Slave 方式，具有 ASCII、RTU 和 TCP 三种报文传输协议，支持 RS232、RS422、RS485 和以太网接口连接方式。

Modbus TCP 协议是 Modbus 协议的变体，由施耐德公司于 1996 年推出。它将 Modbus 应用协议的数据表示方法运用在了 TCP/IP 网络上，使用的连接端口是 502，与传统的串口通信方式相比，Modbus TCP 不再需要数据校验。

Modbus 通信理论上支持 4 种 ModiconPLC 地址，即 0*、1*、3*、4*，它们分别与 4 种操作对象（线圈、离散输入、输入寄存器和保持寄存器）相对应，即 0* 和 1* 对应的是位地址的读写操作，3* 和 4* 对应的是字地址的读写操作。

0*、1*、3*、4* 的地址长度有的为 5 位数字，有的为 6 位数字（表 3-4），这与 Modbus 通信无关，只是和软件的表示方法有关。

表 3-4　6 位数字的 Modbus 地址及操作对象

Modbus 地址	对象	操作
000001~065536	线圈	读/写
100001~165536	离散输入	读
300001~365536	输入寄存器	读
400001~465536	保持寄存器	读/写

3.2　工业大数据采集的主要方式

工业生产设备的数据采集是通过各种感知技术实现的，通常以传感器为主要工具，有时会结合 RFID、扫码枪、人机交互界面和智能终端等手段。采集到的生产设备数据（如温度、湿度和液位等）经边缘网关模块上传到工业互联网平台，是工业互联网平台的数据基础。

3.2.1 传感器

传感器是一种检测装置,它能感受到被检测量的信息,并可以按一定的规律将其变换成电信号或其他所需形式的信息输出,以满足信息的传输、处理、存储、显示、记录和控制等要求。传感器在生活中随处可见,例如一部智能手机中就有多达十几种传感器,包括光线传感器(检测环境亮度)、磁力传感器(检测磁场)、加速度传感器(用于获取用户走步数)、麦克风、摄像头和指纹传感器等。

在工厂制造环境中,传感器是实现现场自动检测和自动控制的首要环节,现场常用的物理环境测量工具涵盖了声音、温度、湿度、距离、振动和电流等多种类型,传感器将环境变量转化为可读的数字信号,这是物理世界信息化数字采集的重要途径。

现场的无线传感器和有线传感器,可分别通过有线或无线传感网络将信息传送到数据采集系统。

1)有线传感网络通过网线实现传感器信息的收集,在便于部署的现场环境中,这种方式具有更好的抗干扰能力。图3-15所示为料库拣选系统的结构,图中PTL(Pick To Light)为智能拣选系统,可显示系统发送的订单信息,引导操作人员正确、快速、轻松地完成拣货工作。其中6个电子标签安装于货架上,它们通过4芯线缆串联至PTL网关,网关通过双绞线连接数据采集系统,以此实现多目标、多种应用信息的集中采集。

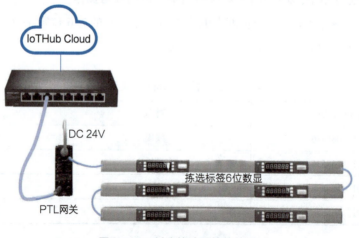

图3-15 料库拣选系统的结构

2)无线传感网络利用无线网络进行信息传输,这种部署方式灵活简单且价格便宜,因此在现场的应用越来越普遍。如图3-16所示,无线传感网络是由大量的微小传感器节点构成的(通常情况下微小传感器由电池供电),微小传感器被任意部署在相应的被检测区域,检测区域内或监测对象周围的大量传感器节点通过自组织形成一个感知网络,基站将发布网络配置、管理或收集命令,使数据汇聚到基站,再经过卫星、互联网或移动通信等途径传输到数据采集系统。

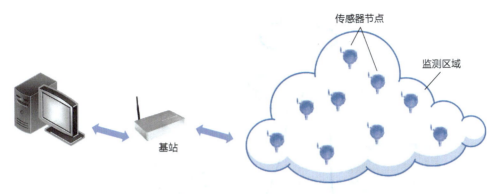

图 3-16 无线传感网络的组成

3.2.2 RFID

RFID（Radio Frequency Identification，射频识别）是一种利用无线射频通信实现的非接触式自动识别技术，该技术最大的优点在于采用非接触工作方式，整个识别工作执行过程无需人工干预。

RFID 系统主要由标签、读写器和天线三部分组成。

1）标签由耦合元件及芯片组成，每个 RFID 标签具有唯一的电子编码，附着在物体上，标识目标对象，具有体积小、容量大以及可重复使用的特点。

2）读写器是对标签进行信息读取或写入操作的设备，实际应用中常见的有移动式（手持式）和固定式两种。

3）天线用于传递标签和读写器之间的射频信号，它是连接标签和读写器的桥梁。

近年来，随着 RFID 技术的不断成熟，其应用也逐渐拓展到生产、生活的各个领域中。例如高速公路收费站通常会有自动收费系统（ETC），来往车辆通过车载 RFID 标签直接与安装在门架上的 RFID 读写器进行信息交换，中心控制计算机通过该信息识别出车主的信息，并自动从车主的银行账号中扣除通行费，与人工收费方式相比，ETC 省时省力且效率高。

RFID 工作时，其读写器通过天线发送出一定频率的脉冲信号，当电子标签进入天线磁场后，凭借感应电流所获得的能量发送出存储在芯片中的产品信息（无源标签或被动标签），或者主动发送某一频率的信号（有源标签或主动标签）。该信号经过解调和解码后被传输到后台主系统进行相关处理，主系统将根据逻辑运算结果判断该卡的合法性，并针对不同的设定发出相应的控制要求，通过指令信号控制执行机构动作。

如图 3-17 所示，当安装有 RFID 标签的物体进入 RFID 读写器的工作区域时，读写器采用超高频射频技术与 RFID 标签进行双向数据交换，将数据采集到网关控制器中，再经 PLC 控制器完成逻辑运算和处理，实现物体的识别与跟踪。同时，该数据信息将通过标准的工业总线协议传输至数据采集系统。

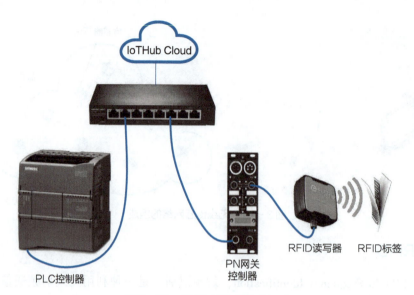

图3-17　RFID采集系统的组成

通过 RFID 技术，在不与被识别物品直接接触的情况下，可以快速、实时、准确地采集和处理信息，且支持高速运动物体的信息识别，并允许多个标签同时识别。该技术有效解决了物品信息与互联网自动连接的问题，结合后续的大数据挖掘工作，能发挥其强大的威力。

3.2.3　条码

条码是由宽度不等的多个黑条和空白按照一定的编码规则排列而产生的图形标识符，能够用来表达一组特定的信息。常见的条码是由反射率相差很大的黑条（简称条）和白条（简称空）排成的平行线图案。

生活中使用的很多物品都带有条码，条码既是商品在生产过程中记录信息的一种手段（如物品的生产厂家、生产日期、商品名称和类别等），也具有防假冒产品的功能。条码的产生改变了以往数据采集需要人工录入的状况，有效提高了工作效率，具有简单、可靠、灵活和实用的特点。例如，人们在超市买完东西结账时，售货员只需用扫描仪扫描一下商品上的条码标签，该商品的价格便可直接显示在终端 pos 机上。

应用先进的条码技术对工业现场需要采集的数据进行全面标识，可实现对生产过程中产生的大量实时数据的自动化快速收集，确保了基层数据统计时第一手数据资料的完全真实和可靠性。

3.2.4　其他方式

在复杂的工业现场环境中，除了使用传感器、RFID 和条码的采集模式外，还包括以下采集模式：一是利用人机交互的形式直接读取数据；二是通过摄像头采集图片或录像数据；三是从各类业务应用信息系统中获取数据，如库存系统数据、销售系统数据等。

3.3 工业大数据采集实例

工业数据采集是工业互联网应用的第一步,目的是将不同设备、不同协议的数据整合成统一的数据源。整个采集流程的主要环节如下:

1)配置边缘网关。
2)安装协议驱动控制器。
3)添加、配置并连接现场设备。
4)添加并配置变量。

本节主要介绍利用宜科 IoTHub 平台和 EDGE-BOX 边缘网关从 PLC 中采集工业现场数据的实施过程。

3.3.1 配置边缘网关

下面以 EDGE-BOX 系列产品中的 EDGE-A5(Lite 版)模块为例演示边缘网关模块的配置流程。

进行网关配置前,应先建立网络连接。首先将网关模块的 LAN 口与 PC 连接(图 3 - 18)。连接成功后,PC 端通过配置工具可对网关模块的信息进行设置。与该网关模块对应的配置工具名为"边缘网关 Lite 版配置工具",它能实现设备运行参数及状态的远程查看或修改功能。

图 3 - 18 EDGE-A5 的 LAN 口与 PC 的连接

网关 LAN 口的 IP 地址和 PC 的 IP 地址必须处于同一网段。网关的初始 IP 地址为 192.168.2.1,因此 PC 的 IP 地址范围应为 192.168.2.2 ~ 192.168.2.254。如图 3 - 19 所示,可将其 IP 地址设置为 192.168.2.100,子网掩码为 255.255.255.0,默认网关为 192.168.2.1。

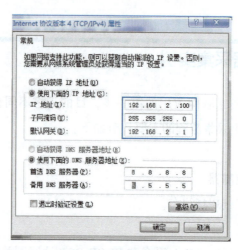

图 3-19　设置固定 IP

然后将网关模块的 WAN 口与公网连接（图 3-20）。

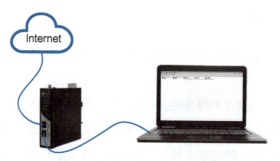

图 3-20　EDGE-A5 的网络连接

EDGE-A5（Lite 版）模块的配置步骤如下。

(1) 启动配置工具

1) 双击 ![icon] 图标，打开边缘网关配置工具，如图 3-21 所示，界面左侧为功能菜单，右侧为信息显示窗口。

图 3-21　边缘网关配置工具初始界面

2）单击界面右上角的"搜索"按钮（图3-22），设备列表信息中将显示搜索到的网络设备。

图3-22　搜索网络内的设备

3）双击相应设备所在的设备行，进入该设备的设备状态信息窗口（图3-23）。用户可通过该界面查看设备相关系统信息及状态，同时也可以选择菜单栏中的其他选项，以查看边缘网关模块的更多产品信息和状态信息。

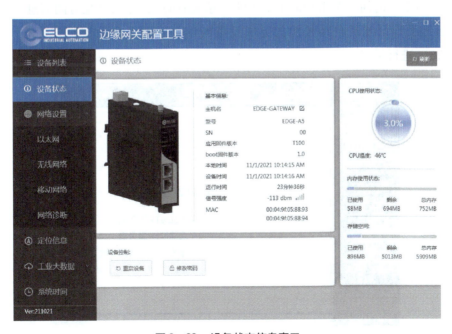

图3-23　设备状态信息窗口

(2)配置设备状态信息

1)设置主机名。在设备状态信息窗口中,单击主机名参数右侧的""图标,在参数编辑窗口输入网关模块的主机名,如 EDGE_Cooling(图 3-24),单击"✓"图标进行保存。

图 3-24　设置主机名

2)修改设备密码。在设备状态信息窗口中,单击"🔒修改密码"按钮,在弹出的窗口中输入要更改的新密码(图 3-25)。

图 3-25　修改密码

3)校验系统时间。单击功能菜单中的"系统时间",进入系统时间信息显示界面。用户可通过手动设置或自动校验的方式设置时间。下面以自动校验方式的设置为例(图 3-26)进行示范。

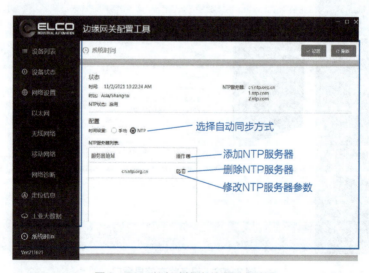

图 3-26　以自动校验方式同步时间

在时间设置参数中选择 NTP，即使用网络时间协议实现网关模块时间同步，此时系统自动添加 NTP 服务器（如需修改服务器参数，可单击"　"按钮），单击右上角的"　"按钮，保存设置。

4）网络设置。选择功能菜单中的"网络设置→以太网"，打开以太网络状态及配置界面（图 3-27），单击界面右上角的"　"按钮，可查询当前状态。

① eth0 即设备的 LAN 口，使用静态 IP，地址为 192.168.2.1。

② eth1 即设备的 WAN 口，通过 DHCP 方式自动获取 IP 地址，当前地址为 192.168.40.211。

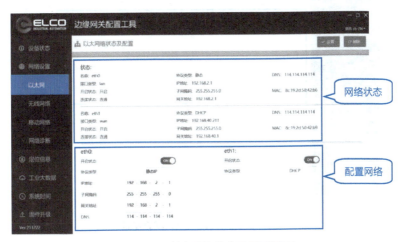

图 3-27　以太网络状态及配置界面

此时，用户可在界面下方修改接口信息，如将 LAN 口地址修改为 192.168.0.101（图 3-28）。需要注意的是：修改自身通信网口时，可能会出现因网络不稳定而导致配置修改失败的情况，此时应断电并重启设备，用其他网口尝试重新修改；LAN 口的 IP 地址和 WAN 口的 IP 地址不能设置为相同网段，否则会影响正常网络功能。

图 3-28　配置 LAN 口及 WAN 口

单击右上角的"设置"按钮保存后，将设备重启，同时修改 PC 网卡的地址（如 192.168.0.201，与边缘网关模块的 LAN 口处于同一网段）。

设备重启后，使用边缘网关配置工具重新连接该设备，进入以太网络状态及配置界面，单击"刷新"按钮，查看修改后的网络状态信息（图 3-29）。

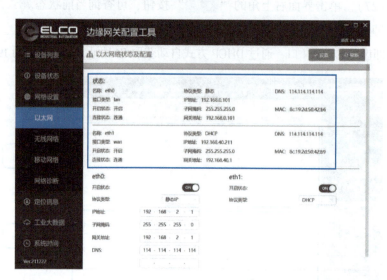

图 3-29　边缘网关模块以太网络状态信息

设置完成后，单击功能菜单中的"网络诊断"，打开网络诊断界面。通过该界面可查看网关模块的网络连接状况。此时，只需输入诊断地址（如 www.baidu.com），再单击"开始诊断"按钮，诊断信息就会显示在反馈结果中（图 3-30）。

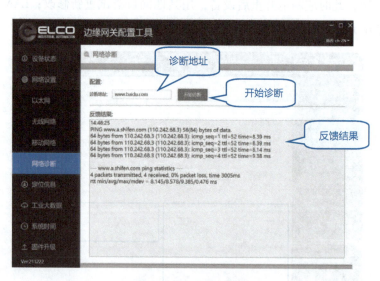

图 3-30　网络诊断

需要注意的是：除以太网通信模式外，用户还可以根据需要启动无线网络或移动网络。但以太网、移动网络、WiFi 不建议同时开启，否则可能影响正常网络功能；当需要切换网络时，为保证网络的稳定性，建议在配置生效后重启设备。

3.3.2　安装协议驱动控制器

协议驱动控制器的使用为 Agent 的管理与控制带来极大的方便，不仅可以直接执行 Agent 的下载、解压和安装操作，还能控制 Agent 的启动、停止和重置。人们通常将协议驱动控制器安装在边缘网关模块上。

1. 连接边缘网关的方法

边缘网关模块默认开启了 SSH 服务，用户可直接通过 SecureCRT 终端仿真程序实现 PC 与网关模块的连接。

> **注意**：SecureCRT 是一款 IT 人员最常用的支持 SSH（SSH1 和 SSH2）协议的终端仿真程序，将其安装在计算机的 Windows 操作系统下，可远程访问网络中的 Linux 系统，进行命令执行或文件传输操作。

1）启动 SecureCRT，在快速连接窗口中输入网关模块的 IP 地址（图 3-31 中的 192.168.0.101）后，单击"连接"按钮。

图 3-31　快速连接设置

2) 在弹出的窗口中输入用户名和密码,单击"确定"按钮,连接设备(图3-32)。

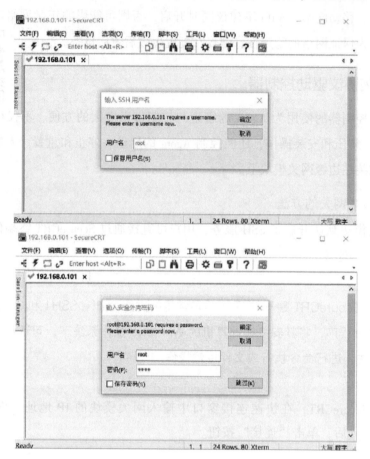

图3-32 输入用户名和密码

3) 连接成功后将显示如图3-33所示的界面。

图3-33 连接成功

2. 安装协议驱动控制器的方法

可登录如下网址下载协议驱动控制器安装包：https://wiki.elco-automation.de/display/I3UM/Agents+Controller。

注意： 图3-34所示的"linux（arm）"选项适应于32位EDGE-A5边缘网关模块，用户可结合自身设备情况下载其他安装包。

图3-34 下载安装包

(1) 将安装包导入边缘网关 将协议驱动控制器的安装包复制到Linux系统中（以下基于文件传输软件WinSCP进行操作）。

1) 打开WinSCP软件，输入边缘网关的IP地址、用户名及密码后，单击"登录"按钮（图3-35）。

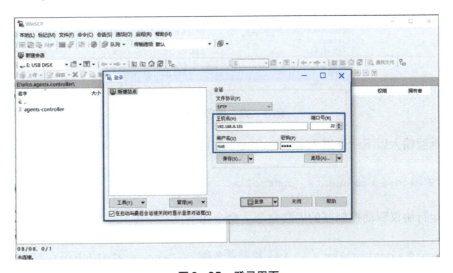

图3-35 登录界面

2）在左侧定位到协议驱动控制器的安装包的保存路径下，直接通过拖拽的方式把安装包复制到网关模块系统的超级用户主目录中（图3-36）。

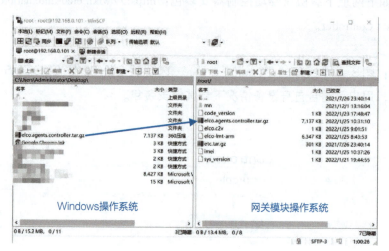

图3-36　将安装包导入网关模块

（2）执行安装命令

1）打开SecureCRT，输入以下命令将安装包解压：

root@ elco:~# tar -xf elco.agents - controller.tar.gz

解压完成后，目录中出现"agents-controller"文件夹（图3-37）。

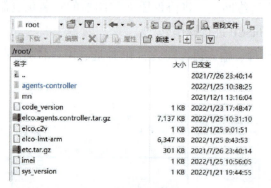

图3-37　解压安装包

2）继续输入以下命令进入agents-controller目录。

root@ elco:~# cd agents - controller

3）运行协议驱动控制器的安装命令。命令如下：

./agents - controller - - name 控制器名称　- - agency IoTHub 平台的 IP 地址:端口号

注意：用户必须根据现场情况替换命令中的蓝色字体"控制器名称""IoTHub 平台的 IP 地址"及"端口号",以表 3-5 中的参数设定值为例。

表 3-5 参数设置要求

项目名称	设定值
控制器名称	mycontroller
IoTHub 平台的 IP 地址	60.29.126.12
Agent Controller gateway 端口	19190

基于表 3-5 中的设置要求,需要输入以下安装命令(图 3-38)。

```
root@ elco:~/agents - controller#./agents - controller - name mycontroller
- - agency 60.29.126.12:19190
```

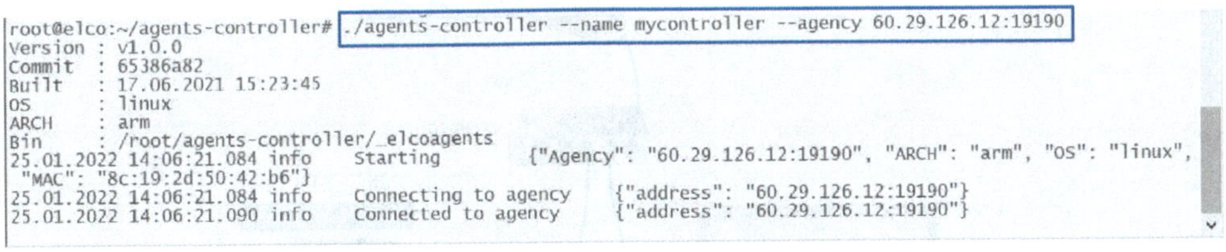

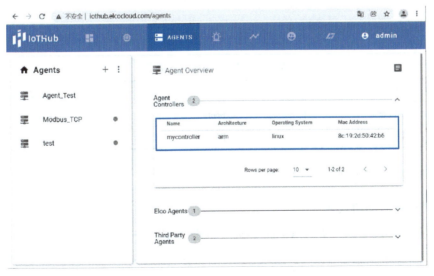

图 3-38 运行安装命令

安装完成后,登录 IoTHub 平台并在 Agents 界面查看协议驱动控制器的状态(图 3-39)。

图 3-39 Agent Controllers 状态查看

3.3.3 从西门子 S7-1200 PLC 采集设备数据

在完成边缘网关的配置和协议驱动控制器的安装工作后，接下来便可以进行设备数据采集与存储的操作。下面以常用的现场设备西门子 S7-1200 PLC 为例介绍具体操作方法。

西门子 S7-1200 PLC 的 CPU 模块与工业互联网平台的连接如图 3-40 所示。由于 CPU 模块上集成的 Profinet 接口与计算机、Profinet I/O 设备、使用标准 TCP 通信协议的设备均可通信，因此在建立网络连接时，直接使用 Profinet 接口连接边缘网关模块的 LAN 口即可，双方采用 Siemens S7 专有通信协议实现数据监视和控制的双向数据传输。

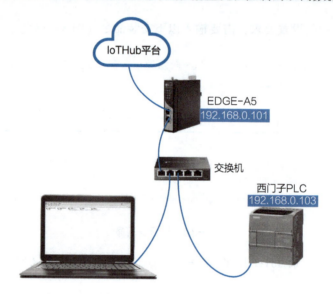

图 3-40 设备运行接线图

PLC 通信变量信息见表 3-6。

表 3-6 PLC 通信变量信息

名称	数据类型	地址
电容传感器	Bool	%I7.0
电动机转速	DInt	%MD100

数据采集与保存的具体操作步骤如下。

1. 创建并启动协议驱动

（1）创建协议驱动　进入 Agents 界面，单击"+"按钮（新增），如图 3-41 所示，此时会弹出 Agent 信息输入窗口，输入 Agent 的名称（如 firstS7AgentName），选择 Agent 类型为 S7，最后单击"CONFIRM"按钮。

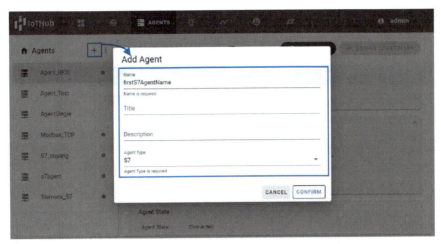

图 3-41 创建协议驱动

(2) 分配协议驱动到指定控制器　在 Agents 列表中单击 firstS7AgentName 的名称，打开其详细信息界面。

1) 单击"Controller Actions and State"右侧的"+"按钮（分配控制器）（图 3-42），系统自动弹出分配控制器的窗口，在控制器列表中选择需要分配到的控制器名称（如 mycontroller）前的复选框，单击"CONFIRM"按钮（图 3-43）。

图 3-42　firstS7AgentName 详细信息界面

图 3-43　将 firstS7AgentName 分配到控制器 mycontroller

2）firstS7AgentName 与 mycontroller 绑定成功后，在其详细信息界面将显示 mycontroller 的信息（图 3-44）。

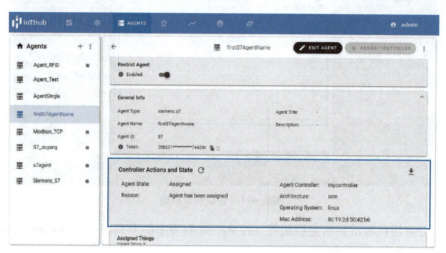

图 3-44　Agent 分配状态及协议驱动控制器的信息

（3）安装协议驱动　单击"Controller Actions and State"模块右上角的" ⬇ "按钮（Install）（图 3-45），此时协议驱动控制器 mycontroller 将搜索相应的 Agent 文件（由于 firstS7AgentName 的 Agent Type 设置为 S7，所以此处搜索的是支持 Siemens S7 协议的 Agent 文件），并自动完成文件的下载和安装。

单击" ⟳ "按钮（刷新），Agent 状态切换为 Installed（已安装），模块右上角的按钮转换为" ▶ ⟲ "（启动和重置），表明该协议驱动安装成功。

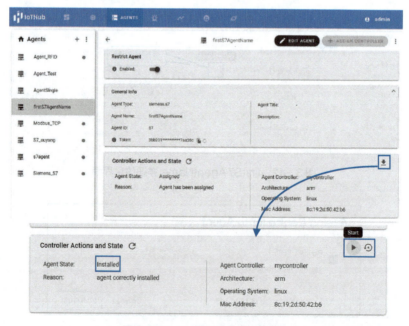

图 3-45　Agent 的下载与安装

(4) 启动协议驱动 单击"Controller Actions and State"模块右上角的"▶"按钮（Start）启动 firstS7AgentName。当 Agent 状态切换为 Started，模块右上角的按钮转换为"■ ⟲ ⟳"（停止、运行和重置）时，firstS7AgentName 启动成功（图 3-46）。

图 3-46　启动 Agent

2. 创建并连接设备

(1) 创建设备 进入 Things 界面，单击"+"按钮，新建 Thing（图 3-47）。

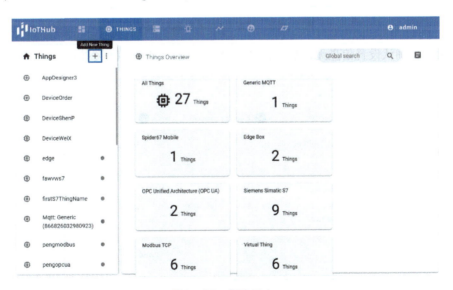

图 3-47　创建 Thing

在弹出窗口的首页设定通信协议为 Siemens Simatic S7（图3-48），单击"NEXT"按钮，进入下一页。

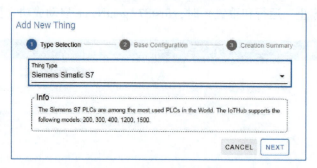

图3-48　设定 Thing Type

如图 3-49 所示，在第二页定义"Name"（名称）为"firstS7ThingName"，将"Address"设定为现场 PLC 控制器的 IP 地址（如 192.168.0.103），单击"NEXT"按钮，进入下一页。

图3-49　设定 Name & Address

在第三页确认设置信息无误后（图3-50），单击"INSTALL"按钮。

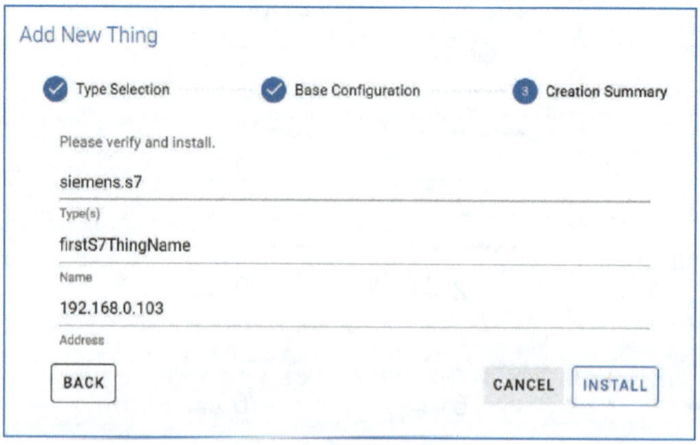

图3-50　确认设置信息

创建成功后，单击左侧列表中的 firstS7ThingName，可打开其详细信息界面（图3-51），单击右上角的"EDIT THING"按钮，进入其属性编辑界面，此时可直接修改名称、地址和控制器所在的机架号及槽位号等参数。修改完成后单击"SAVE CHANGES"按钮进行保存（图3-52）。

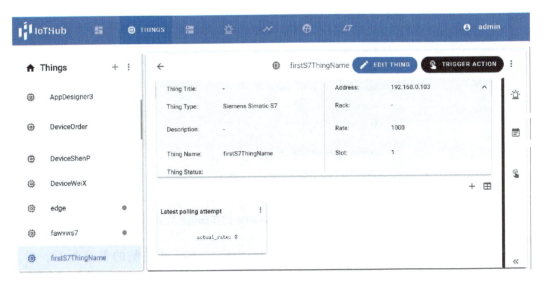

图3-51　firstS7ThingName 的详细信息界面

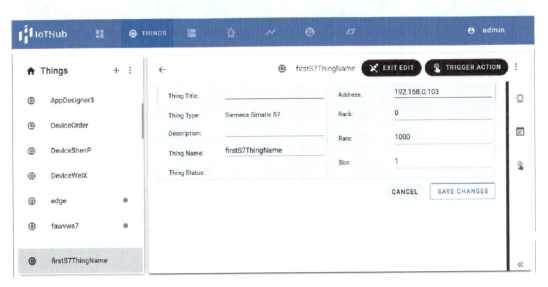

图3-52　firstS7ThingName 的属性编辑界面

（2）连接 PLC 控制器　返回 Agents 界面，建立 firstS7ThingName 与 firstS7AgentName 之间的关联。单击左侧菜单中的"firstS7AgentName"，打开其详细信息界面，单击"EDIT AGENT"按钮（图3-53）。

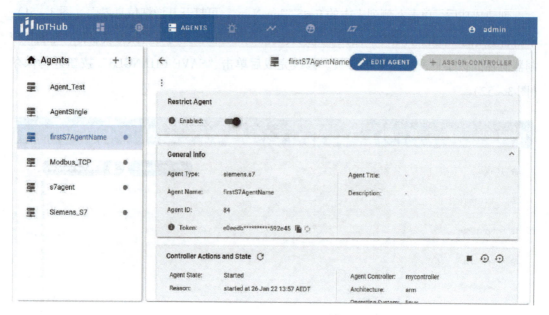

图3-53 firstS7AgentName 的详细信息界面

在 Thing Assignment 模块中找到 firstS7ThingName，选择其左侧的复选框后，单击"SAVE CHANGES"按钮（图3-54）。

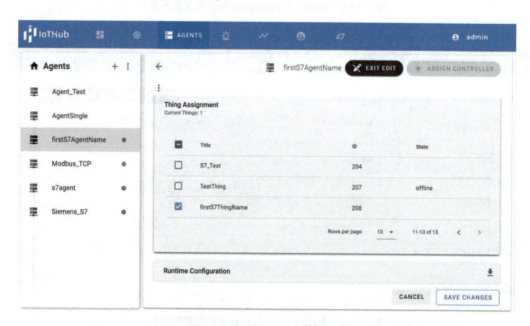

图3-54 关联 Agent 与 Thing

回到 firstS7ThingName 的详细信息界面，单击右上角的"TRIGGER ACTION"按钮，在弹出的窗口中选择"CONNECT DEVICE"，连接 PLC 控制器。连接成功后，Thing Status 参数切换为 online（图3-55）。

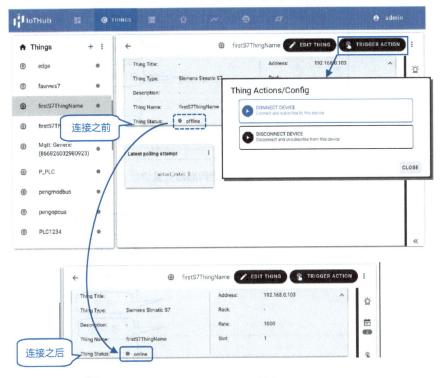

图 3-55　连接 PLC 控制器

3. 定义变量

在 firstS7ThingName 的详细信息界面单击"+"按钮，创建新变量（图 3-56），并根据表 3-6 提供的信息，在弹出的窗口中完成变量信息的设置，如图 3-57 和图 3-58 所示。

图 3-56　添加变量

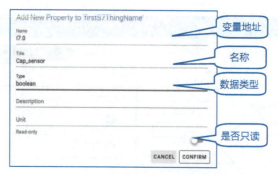

图3-57 输入电容传感器变量信息

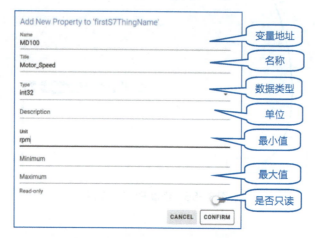

图3-58 输入电动机转速变量信息

变量输入完成后,出现如图3-59所示的变量监控表。

图3-59 变量监控表

4. 存储数据

经过以上操作,现场数据将源源不断地上传到工业互联网平台。IoTHub平台的脚本模块功能提供了修改数据和创建单独功能的方法,用户可通过平台上的脚本模块进一步处理数据。下面通过"将平台数据导入 MySQL 数据库"实例（即把变量"Motor_Speed"的值保存到数据库中）介绍具体编程方法。

（1）新建数据表　数据采集可能会采用多个数据库来接收终端数据，这里通过 5.7 及以上版本的 MySQL 软件创建数据库 processdata，并创建数据表 test_plc（图 3-60），供数据保存练习时使用。

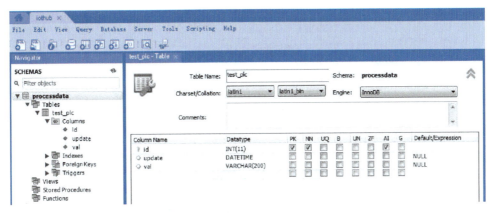

图 3-60　创建数据库和数据表

（2）创建脚本　为实现将模拟量数据 MD100 保存到数据库 processdata 中的目标，这里将创建并运行以下三个脚本。

1）mysql：用于连接数据库。

2）tool：用于对设备进行操作。

3）wf：将数据保存到指定数据库的数据表中。

具体操作方法如下：

1）添加脚本。进入 Workflows 界面，单击"+"按钮添加脚本，在弹出的窗口中输入名称（如 mysql）后，单击"CONFIRM"按钮（图 3-61）。

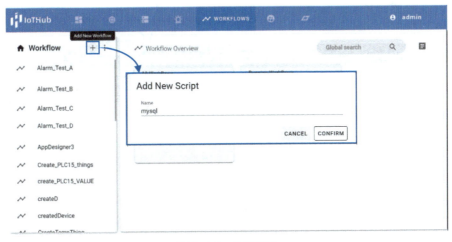

图 3-61　添加脚本

2）编辑脚本。如图 3-62 所示，在左侧列表中选择要编辑的脚本项，进入 Script 界面，输入代码进行编辑。mysql、tool 和 wf 的代码可参考"（3）脚本代码"内容。

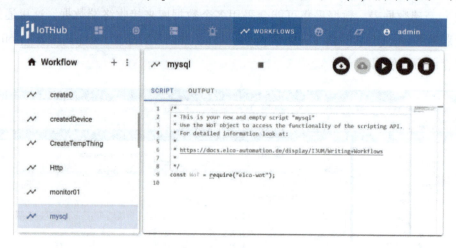

图 3-62　输入代码编辑脚本

3）保存并加载脚本。脚本编辑完成后，必须单击"![按钮]"按钮将它们上传到 IoTHub 平台进行保存（图 3-63）。

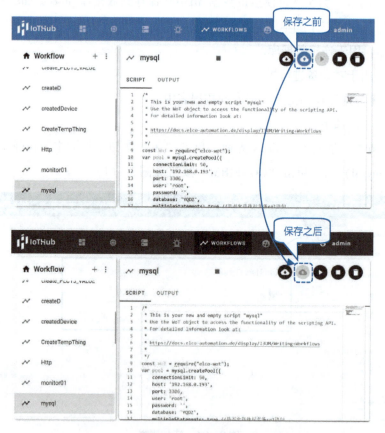

图 3-63　保存脚本

> **注意**：上传按钮"⬆"用于本地版本覆盖服务端版本，下载按钮"⬇"用于将本地版本替换为服务端版本。

4）启动脚本。默认情况下，脚本不处于活动状态/正在运行。可以单击"▶"按钮进行启动。脚本将在启动后运行，直到脚本结束或手动使其停止。

> **注意**：如图 3-64 所示，脚本的当前运行状态可以通过状态图标看到。▶表示运行，■表示停止，如需手动停止可单击 ■。

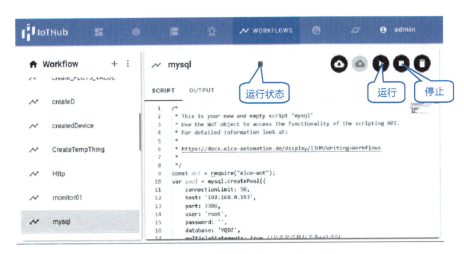

图 3-64　启动/停止 Workflow

（3）脚本代码　mysql 的代码如下：

```
/**
 * Database tool script
 */

'use strict';
const mysql = require('mysql');
//修改成自己的数据库配置
//host user password database
var pool = mysql.createPool({
    connectionLimit: 50,
    host: '192.168.0.193',    //数据库IP地址
    port: 3306,                //数据库端口号
    user: 'root',              //数据库登录用户名
    password: '****',          //密码
    database: 'processdata',   //数据库名称
```

```
    multipleStatements: true //是否允许执行多条sql语句
});
//将结果以对象数组返回
var row = (sql) => {
    //console.log(sql)
    return new Promise(function(resolve, reject) {
        pool.getConnection(function(err, connection) {
            if (err) {
                reject(err);
                return;
            }
            connection.query(sql, function(error, res) {
                connection.release();
                if (error) {
                    reject(error);
                    return;
                }
                resolve(res);
            });
        });
    });
};
//返回一个对象
var first = (sql, ...params) => {
    return new Promise(function(resolve, reject) {
        pool.getConnection(function(err, connection) {
            if (err) {
                reject(err);
                return;
            }
            connection.query(sql, params, function(error, res) {
                connection.release();
                if (error) {
                    reject(error);
                    return;
                }
                resolve(res[0] || null);
            });
        });
    });
};
//返回单个查询结果
var single = (sql, ...params) => {
    return new Promise(function(resolve, reject) {
        pool.getConnection(function(err, connection) {
            if (err) {
```

```js
                reject(err);
                return;
            }
            connection.query(sql, params, function(error, res) {
                connection.release();
                if (error) {
                    reject(error);
                    return;
                }
                for (let i in res[0]) {
                    resolve(res[0][i] || null);
                    return;
                }
                resolve(null);
            });
        });
    });
}
//执行代码,返回执行结果
var execute = (sql, ...params) = > {
    return new Promise(function(resolve, reject) {
        pool.getConnection(function(err, connection) {
            if (err) {
                reject(err);
                return;
            }
            connection.query(sql, params, function(error, res) {
                connection.release();
                if (error) {
                    reject(error);
                    return;
                }
                resolve(res);
            });
        });
    });
}
//模块导出
module.exports = {
    ROW: row,
    FIRST: first,
    SINGLE: single,
    EXECUTE: execute
}
```

tool 的代码如下:

```javascript
const WoT = require("elco-wot");
/**
 * 依赖 axios http 请求库
 */
const axios = require("axios");
/**
 * 当前 IoTHub 平台的地址 + IoTHub API 版本
 */
let SER = "http://60.29.126.12:11080/v3/"
/**
 * 当前 IoTHub 平台上 admin 账号的永久 token
 */
let AUTH_TOKEN = 'eyJhbGciOiJIUzI1NiIsInR5cCI6IkpXVCJ9.eyJpZCI6MSwiY2xhW0iOiJhZG1pbiIsImF1ZCI6ImFwcCIsImlhdCI6MTYzMTc1NjkyM30.ZK5XXxsEXoloYJ1DUDOjV7ERgkh6nXb7KGcAG3T3Bqk'
axios.defaults.baseURL = SER;
axios.defaults.headers.post['Content-Type'] = 'application/x-www-form-urlencoded';
axios.defaults.headers.common['Authorization'] = AUTH_TOKEN;
class tools {
    //创建设备
    async createThings(name, type, cfg, properties) {
        let types = []
        types.push(type)
        let params = {"@type": types, "name": name, "title": name, "description": " ", "configuration": cfg }
        axios.post("things", params).then(function (response) {
            properties.forEach((property) => {
                axios.post('things/' + response.data.id + '/properties', property).then(function (response) {
                    console.log(response.data);
                })
                .catch(function (error) {
                    console.log(error);
                });
            });
        })
        .catch(function (error) {
            console.log(error);
        });
    }
```

```
  /**
   * 获取设备
   */
  async getThing (thingsName){
    var thing = null;
    let dingBeschreibung = {'name': thingsName}
    thing = await WoT.consume(dingBeschreibung)
    return thing
  }
}
module.exports = new tools;
```

wf 的具体代码如下：

```
//引用封装好的工具类
const tool = require('../2/script.js');
//引用数据库工具类
const mysql = require('../1/script.js');
listenerPLC()
async function listenerPLC() {
    //获取PLC
    let plc = await tool.getThing("firstS7ThingName");   // 对应Thing的名称
    console.log(plc)
    //监听 MD100 的值
    plc.observeProperty("MD100", function(newValue) {   // 监听变量的地址
        console.log("Observing current temp: " + newValue);
        let udateTime = getNowFormatDate();
        //写入数据库
        mysql.ROW("insert into test_plc(udate,val) values('" + udateTime + "','" + newValue + "')");   // 数据表名称
    });
}
//格式化时间
function getNowFormatDate() {
    var date = new Date();
    var month = date.getMonth() + 1;
    var strDate = date.getDate();
    if (month >= 1 && month <= 9) {
        month = "0" + month;
    }
    if (strDate >= 0 && strDate <= 9) {
        strDate = "0" + strDate;
    }
```

```
        var currentDate = date.getFullYear() + "-" + month + "-" + strDate +
            " " + date.getHours() + ":" + date.getMinutes() + ":" + date.getSeconds();
        return currentDate;
    }
```

通过编辑并运行以上三个脚本，系统将实时采集的设备数据保存到数据库中。启动 MySQL 软件，打开数据库 processdata，可查看数据表 test_plc 中保存的数据信息（图 3-65）。

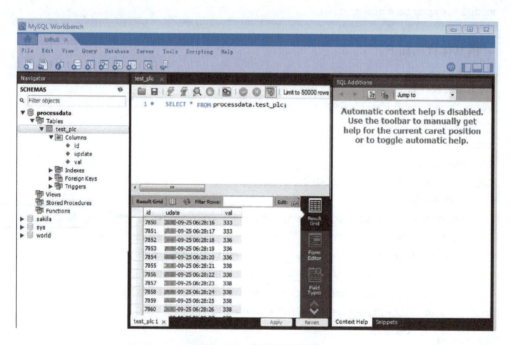

图 3-65　数据保存结果

3.3.4　从松下 FP-XH C60ET PLC 采集设备数据

除 Siemens S7 通信协议外，工业上还有一种常用的通信协议——Modbus TCP，该协议也是许多工业设备（如 PLC、DCS、智能仪表等）之间的通信标准。那么针对支持 Modbus TCP 协议的设备，要如何在工业互联网平台上完成数据采集的配置呢？

这里以松下 FP-XH C60ET PLC（图 3-66）为例，介绍 Modbus TCP 协议设备的数据采集配置方法。FP-XH C60ET PLC 的控制模块包含两个 LAN 端口，支持 Ethernet 网络的连接，同时松下 FP-XH 系列 PLC 还提供了 6 种通信插卡，对应 RS232C、RS422、RS485 或 Ethernet 多种通信标准，安装通信插卡后可支持 MEWTOCOL、Modbus RTU 和 Modbus TCP 等多种通信。

图 3-66　FP-XH C60ET PLC

如图 3-67 所示，只需将 FP-XH C60ET PLC 的 LAN 口与边缘网关模块的 LAN 口连接起来，便可实现其与工业互联网平台的网络连接。

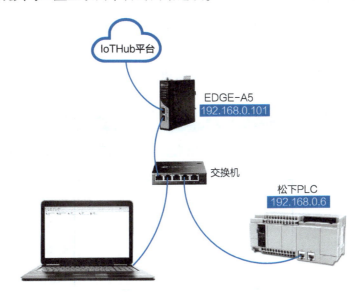

图 3-67　设备运行接线图

松下 PLC 通信变量信息见表 3-7。

表 3-7　松下 PLC 通信变量信息

名称	数据类型	地址
X0	Bool	100001
Y0	Bool	000001
WL11	int16	300012
DT10	unit16	400011

注：松下 PLC 的 ModiconPLC 地址长度为 6 位数字。

1)变量 X0 的地址为 100001,最高位为 1,对应"离散输入"型操作对象,即该变量是具有只读功能的数字量。

2)变量 Y0 的地址为 000001,最高位为 0,对应"线圈"型操作对象,即该变量是具有读写功能的数字量。

3)变量 WL11 的地址为 300012,最高位为 3,对应"输入寄存器"型操作对象,即该变量是具有只读功能的模拟量。

4)变量 DT10 的地址为 400011,最高位为 4,对应"保持寄存器"型操作对象,即该变量是具有读写功能的模拟量。

数据采集的具体操作步骤如下。

1. 创建并启动协议驱动

(1)创建协议驱动 进入 Agents 界面,单击" + "按钮(新增),如图 3-68 所示,此时会弹出 Agent 信息输入窗口。输入 Agent 的名称(如 Modbus_MC),选择 Agent 类型为"Modbus TCP",最后单击"CONFIRM"按钮。

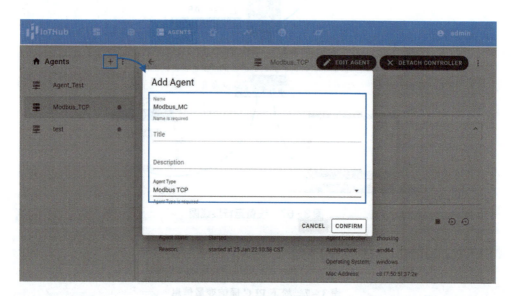

图 3-68 创建协议驱动

(2)分配协议驱动到指定控制器 在 Agents 列表中单击 Modbus_MC 的名称,打开其详细信息界面。

1)单击"Controller Actions and State"右侧的" + "(分配控制器)(图 3-69),自动弹出分配控制器的窗口,如图 3-70 所示。在控制器列表中选择需要分配到的控制器名称(如 mycontroller)前的复选框,单击"CONFIRM"按钮。

图3-69 Modbus_MC详细信息界面

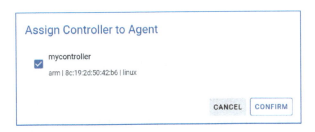

图3-70 将Modbus_MC分配到控制器mycontroller

2) Modbus_MC 与 mycontroller 绑定成功后, 在 Modbus_MC 详细信息界面将显示 mycontroller 的信息 (图3-71)。

图3-71 mycontroller的信息

(3) 安装协议驱动 单击"Controller Actions and State"模块右上角的"⬇"按钮 (Install) (图3-72), 此时协议驱动控制器 mycontroller 将搜索相应的 Agent 文件 (由于 Modbus_MC 的 Agent Type 设置为 Modbus TCP, 故此处搜索的是支持 Modbus TCP 协议的 Agent 文件), 并自动完成文件的下载和安装。

单击"↻"(刷新) 按钮, 若 Agent 状态切换为 Installed (已安装), 模块右上角的按钮转换为"▶ ⟲"(启动和重置), 表明该协议驱动安装成功。

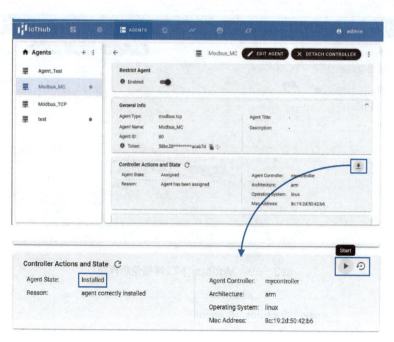

图 3-72　Agent 的下载与安装

（4）启动协议驱动　单击"Controller Actions and State"模块右上角的"▶"（Start）按钮，启动 Modbus_MC。当 Agent 状态切换为 Started，模块右上角的按钮转换为"■ ⟲ ⟳"（停止、运行和重置）时，Modbus_MC 启动成功（图 3-73）。

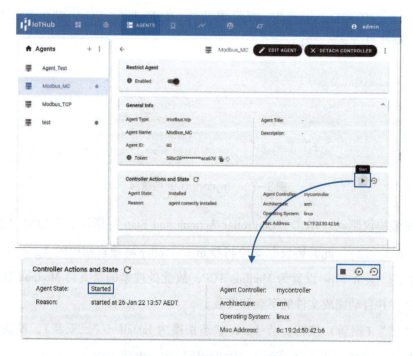

图 3-73　启动 Modbus_MC

2. 创建并连接设备

(1) 创建设备

1) 进入 Things 界面,单击"+"按钮,新建 Thing(图 3-74)。

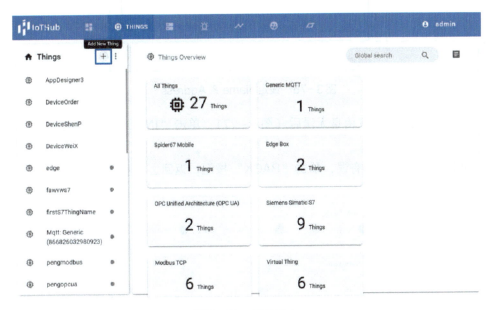

图 3-74　创建 Thing

2) 在弹出的界面中设定通信协议为 Modbus TCP(图 3-75),单击"NEXT"按钮,进入下一页。

图 3-75　设定 Thing Type

3) 在第二页定义其 Name(名称)(如 P_PLC)及 Address(地址)(如 192.168.0.6:502)(图 3-76),单击"NEXT"按钮,进入下一页。

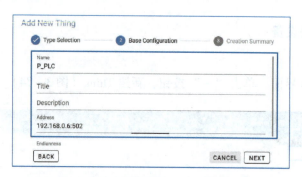

图3-76 设定 Name & Address

4）在第三页确认设置信息无误后（图3-77），单击"INSTALL"按钮。

 注意：若信息设置有误，单击"BACK"按钮，返回上两步进行修改。

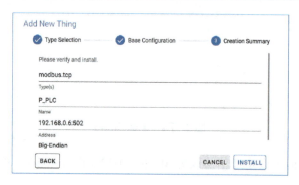

图3-77 确认设置信息

（2）连接 PLC 控制器

1）进入 Agents 界面，在左侧列表中选择 Modbus_MC，打开其详细信息界面。单击"EDIT AGENT"按钮，切换到编辑状态（图3-78）。

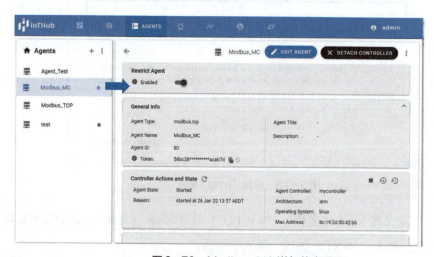

图3-78 Modbus_MC 详细信息界面

2) 在 Thing Assignment 模块中选择待分配对象前的复选框, 单击 "SAVE CHANGES" 按钮, 保存设置 (图 3-79)。

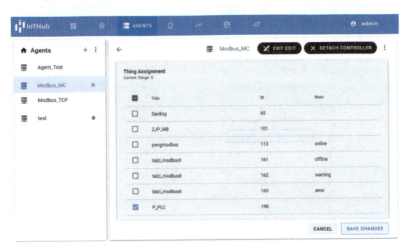

图 3-79　关联控制器与 Agent

(3) 返回 Things 界面, 在左侧列表中单击"P_PLC", 打开其详细信息界面。单击右上角的"TRIGGER ACTION"按钮 (图 3-80), 弹出 Thing Actions/Config 窗口, 单击"CONNECT DEVICE", 连接 PLC 控制器 (图 3-81)。

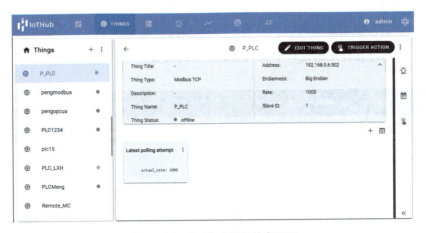

图 3-80　P_PLC 详细信息界面

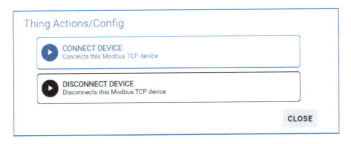

图 3-81　连接设备

连接成功后,Thing Status 切换为 online 状态(图 3-82)。

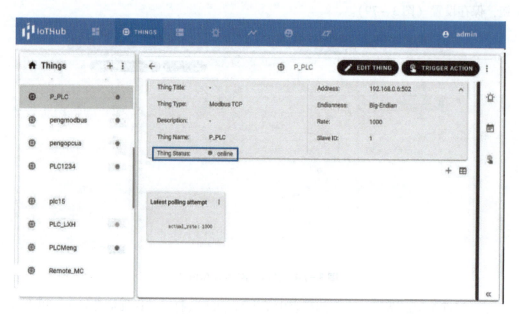

图 3-82 连接成功状态显示

3. 定义变量

在 P_PLC 的详细信息界面中,单击"+"按钮,创建新变量(图 3-83),并根据表 3-7 提供的信息在弹出的窗口中完成变量信息的设置。

图 3-83 添加变量

(1) 添加可读写数字量(图 3-84)

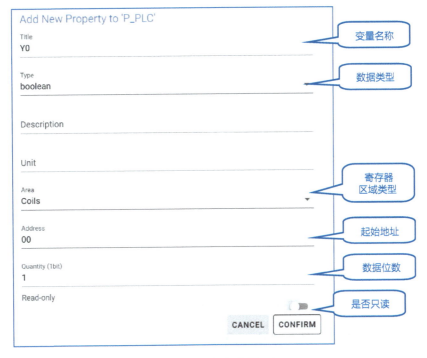

图 3-84　添加变量 Y0

1) Area：指定要监视的寄存器的区域类型，可参考表 3-8 为变量选择适当的区域类型。

表 3-8　寄存器的区域类型

Area	对象	地址范围	操作
Coil	线圈	000001~065536	读/写
Discrete Input	离散输入	100001~165536	读
Holding Register	保持寄存器	400001~465536	读/写
Input Register	输入寄存器	300001~365536	读

注：Y0 的地址为 000001，最高位为 0，该数据保存在可读写数字量区域中，对应的 Area 为 Coil。

2) Address：指定要监控的区域的起始地址，在此输入的是偏移量。寄存器区域的起始地址为 00001，因此在 Address 中输入的偏移量 = 变量地址 - 1。

3) Quantity：指定要监控的数据位数。数据类型为 boolean 时，1 代表 1bit。

(2) 添加只读数字量(图 3-85)

图 3-85 X0 变量的设定方法

(3) 添加只读模拟量（图 3-86） Quantity 用于指定要监控的数据位数。数据类型为 int16、uint16 时，数量为 1；数据类型为 int32、uint32 时，数量为 2。

图 3-86 WL11 变量的设定方法

(4) 添加可读写模拟量（图 3-87） 变量创建成功后，用户可直接通过如图 3-88 所示的界面监控变量。

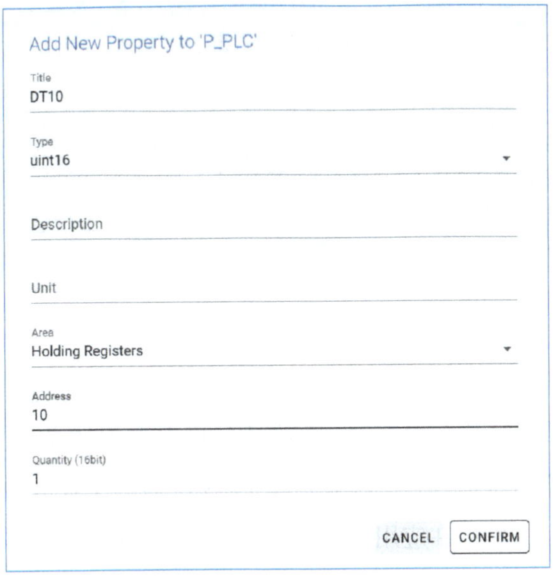

第 3 章　边缘层与工业大数据采集

图 3-87　DT10 变量的设定方法

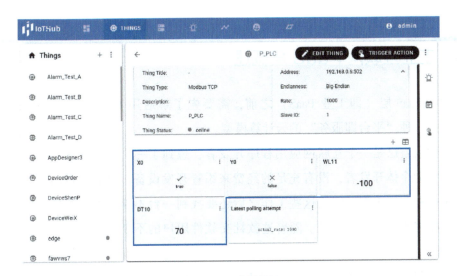

图 3-88　变量监控

第 4 章
PaaS 层与工业大数据治理

经过第 3 章的学习，读者可以了解如何在边缘层采集现场设备产生的海量工业数据。那么这些数据将如何产生价值呢？方法是：在 PaaS 层通过工业大数据治理，基于这些数据建立合适的数学模型，然后在应用层开发工业 App，在企业管理、工业生产及设备运维等方面提高智能化水平，让数据产生价值。本章将介绍 PaaS 层的组成和功能，并通过一个工业生产实例来讲解数据处理、机器学习和数据可视化等技术。

4.1 工业互联网 PaaS 层概述

在学习 PaaS 层（即工业 PaaS）之前，需要先了解通用 PaaS。PaaS（Platform-as-a-Service）是一种"平台即服务"的云计算模型。

现在假设自己是一个互联网应用程序开发者，想到了一个非常好的创意来做一款社交软件。作为个体开发者，没有充足的经费来添置开发设备，只能在自己的个人计算机上完成编码和测试工作，完成这些工作之后还要找到一台不断电的主机作为服务器，存放各种数据来为用户提供服务。随着这款社交软件用户的不断增加，每日活跃用户越来越多，这台主机服务器崩溃也越来越频繁。为了应对这种情况，需要增加服务器，并且需要对这些服务器进行管理。然而经过几个月的发展，这款社交软件爆火，用户增加到百万级别，原有的服务器又不能满足新的用户服务需求了，需要进一步扩充服务器规模，并增加人手管理运维。这就导致一个开发者或者一个小型团队只能将大量精力投入到服务器管理中，严重影响主要业务开展。

对此，PaaS 供应商提供了一个解决方案：为用户提供完整的云平台（包括服务器、网络、存储、操作系统软件、数据库和开发工具等），让用户以更低的成本、更快的速度来构建、测试、部署运行、更新和扩展应用程序，有效地解决用户在本地构建和维护该平台时面临的成本高、复杂性高、灵活性低等问题。

通用 PaaS 主要服务于互联网上的各种应用程序，核心是管理互联网用户数据。互联网把人作为连接和服务的对象,用户数据来源单一、形式大同小异。而工业互联网是人、机、物的全面互联,连接生产经营数据、设备物联数据和外部数据等,数据来源丰富,类型差异大。工业PaaS要达到"平台即服务"的效果,就要在通用PaaS的基础上增加工业数据处理和分析功能。因此,工业PaaS是通用PaaS叠加大数据处理、工业数据分析、工业微服务等创新功能后构建出的、可扩展的开放式云操作系统。

PaaS层可以实现IT资源管理、工业数据与模型管理、工业建模分析和工业应用创新等。下面以用友精智工业互联网平台的PaaS层(用友精智工业大脑)为例(图4-1)进行说明。

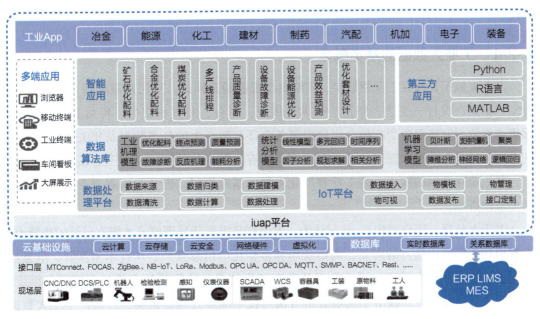

图4-1 用友精智工业大脑架构图

用友精智工业大脑的IT资源管理功能包含两部分:一是云基础设施管理,对计算资源、存储资源和网络资源进行管理;二是IoT平台管理,对边缘层和应用层接口、数据上行下行等进行管理。工业数据与模型管理主要对应图中的数据处理平台,依据数据来源对数据进行归类,并管理数据处理过程。工业建模分析功能是依据工业机理、统计结果和机器学习的方法,将工业场景中问题的解决方法封装成数算法库。工业应用创新则是把算法库中的模型组合包装成完整的智能应用模块,如设备故障诊断、产品效益预测等,提供给应用层制作工业App。

通过学习工业PaaS的功能,可以看出工业PaaS的核心功能是基于工业大数据构建的模型库,这是工业互联网研发设计、工艺优化、能耗优化以及运营管理等智能应用的关键。下面将先介绍工业大数据与机器学习的基本知识,然后通过一个注塑成型工艺中虚拟量测的案例来演示如何根据边缘层采集的数据预测产品尺寸。

4.2 工业大数据与机器学习

工业互联网 PaaS 层中最核心的构成是工业微服务组件库。工业微服务组件库依赖于工业大数据构建，只有先积累大量的工业数据才能从中建立起工业知识的数学模型，进而封装为组件。工业大数据对于工业企业的生产和运营具有重要意义，没有数据就没有工业智能化。利用机器学习技术可以从工业大数据中提取有用的信息和知识，帮助企业更好地了解和控制工业生产过程，从而提高生产率，降低成本，提高产品质量和用户满意度。

4.2.1 工业大数据的基本概念

工业大数据是指在工业领域中，围绕典型智能制造模式，从用户需求到销售、订单、计划、研发、设计、工艺、制造、采购、供应、库存、发货和交付、售后服务、运维、报废或回收再制造等整个产品全生命周期各个环节所产生的各类数据及相关技术和应用的总称。工业大数据来源多样、类型丰富，既有大数据的特征，又有工业领域自身的特点，是工业互联网的核心，是工业智能化发展的基础原料，也是我国制造业转型升级的重要战略资源。

关于大数据，研究机构 Gartner 认为，大数据是需要新处理模式才能有更强的决策力、洞察力和流程优化能力的海量、高增长率和多样化的信息资产。从技术角度看，信息技术发展引起数据规模质变以后，数据从静态变为动态，从简单的多维度变成巨量维度，而且其种类日益丰富，超出了当前分析方法与技术能够处理的范畴，因而产生了大数据这个概念和相应技术。也就是说，对于海量数据的查询、分析和挖掘，传统的技术手段和工具已无能为力，需要采用新的计算模式和技术，这样的海量数据集合称为大数据。

通常所说的大数据 4V 特征是在维克托·迈尔-舍恩伯格和肯尼恩·库克耶编写的《大数据时代》中提出的，即大数据的规模性（Volume）、高速性（Velocity）、多样性（Variety）和价值性（Value）。工业大数据除了有这 4 个特征外，还有工业领域所特有的如下特征：

1) 时序性：工业大数据来源于生产过程中对传感器等设备的采样，具有时间顺序。

2) 实时性：工业大数据的重要应用场景包括实时预测、实时预警以及实时控制，数据采集系统具有很强的实时性。

3) 高维度：在工业大数据采集中通常会布置多个采样点。以注塑生产为例，加工过程中涉及的锁模力、注射最大压力、熔胶时间和后冷却时间等数据都会被实时采集。

4) 高通量：数据产生频度高。使用智能感知设备，快速、频繁地采集数据，数据的吞吐量大且不间断。

5）高噪声：在生产过程中，由于电气干扰、环境影响等原因，数据中不可避免地带有噪声，导致数据错漏多。

6）高准确性：在工业领域，对某些数据的准确率有很高的要求，应用场景中需要达到99.9%甚至更高的准确率。

7）多尺度：对于同一现象会有多种不同的描述尺度。在塑料产品生产过程中，传感器采样频率为25ms/次，而成型机状态数据每模次采集一次（40多s），这就产生了两个不同时间尺度的描述。

4.2.2 机器学习的基本概念

机器学习就是通过算法使机器能从历史数据中学习规律，然后能对新的样本做出智能识别或预测。比如，现在的手机能将短信自动分为两类，一类是短信通知，另一类是各种广告、推广等信息。这个功能是如何实现的？由于现在无论是广告消息、验证码信息和快递信息等都是使用虚拟号码，所以通过来信号码判断短信类型是不可靠的，所以需要通过分析短信内容来进行判别。要分析短信内容，就需要观察广告的规律，而观察广告规律就需要先收集一批已经接收过的短信。其中一种分析方法是：统计短信中常出现的关键词出现的频率，比如"满减""领券""优惠"和"验证码"等，将这些关键词是否存在与广告短信的概率之间建立一个数学公式。当收到一条新短信时，假设根据数学公式计算出它的广告概率是85%，如果设定的广告概率阈值是80%，那么这条新短信就是广告。

下面对照这个例子来介绍机器学习的基本概念。

1）模型。模型是指从数据中学习得到的结果，也就是上例中的数学公式。模型可能是非常复杂的数学公式，通过模型可以计算预测结果。比如找到一个预测函数$h(x)$，当$x=$（"满减"存在、"领券"存在、"优惠"不存在、"验证码"不存在）时，$h(x)>90\%$。

2）学习。学习是指从数据中学习得到模型的过程，也称为训练。数学公式中会有一些参数，比如$f(x)=3x+4$，那么3和4就是一组参数。在上例中，学习就是寻找到一组优秀的参数，令所有的广告短信满足$h(x)\geq 80\%$，所有的正常信息$h(x)<80\%$。

3）训练集和验证集。在学习模型参数时要准备一批数据，称为数据集。通常将数据集按照7:3的比例划分为两部分，分别称为训练集和验证集。在训练集上调整模型参数，在验证集上评估模型效果。假设已收集1000条短信数据，并且明确标注出每一条短信是否为广告信息，那么可以从中随机取出700条学习一个模型。如何判断模型有没有学习好呢？以剩余的300条短信作为验证集，统计模型计算结果有多少符合标注即可。

4）测试集。不同于训练集和验证集是以往的数据，测试集可以认为是模型学习好并投入使用时遇到的新数据。在短信分类模型训练阶段，选取以前收到的短信作为训练集和验证集,而新收到的短信则可以认为是测试集。

5)特征。特征是区分事物的关键属性。比如短信往往是一段内容,不同公司的广告短信内容各有差异,但是关键词(如"满减""领券"和"优惠"等)往往相似,可以称这些关键词为短信分类的特征。

6)特征选择。特征选择是指从原始特征集合中剔除不相关或不重要的特征,保留有用特征。在短信分类中统计到"满减""领券"这些常在广告中出现的关键词,还统计到"查看""点击"等在广告和非广告短信中都会出现的关键词,需要剔除不能用于区分广告短信的关键词。

7)降维。降维是指减少特征的数量。当特征的维数过高时,会增加机器训练的负担和存储空间,降维的目的就是去除冗余的特征,用更加少的维数来表示特征。通过数据统计可以发现,"满减"和"优惠"这两个关键词总是一起出现,为了减少计算量,可以只保留其中的一个。

8)泛化能力。泛化能力是指模型适用于新的数据样本的能力,也就是在测试集上的表现好坏。通俗地说,训练了一个广告分类模型,在验证集上表现非常好,能够100%分类正确,然后就可以放在手机程序中使用。每天收到新短信之后,如果分类的准确率在90%以上,就可以说该模型的泛化能力好;如果分类准确率只有50%,就可以说该模型的泛化能力差。

机器学习主要可以分类两大类:监督学习和无监督学习。两者的区别在于训练集中的数据是否有标签,即学习阶段是否知道要预测的结果。有监督学习又可以根据标签的类型分为分类问题和回归问题,分类问题的预测结果是离散数据,回归问题的结果是连续型数据。例如,已知一些特征信息预测轴承的质量好坏是一个二分类问题,而预测轴承的寿命则为回归问题。

4.2.3 常用的机器学习方法

1. 线性模型

线性模型常用于回归。以一元简单线性回归为例,给定一个自变量 x 和一个因变量 y,用历史数据样本拟合得到一条直线,如图4-2所示。这条直线能够使所有样本数据点与拟合直线之间的距离最短,即误差最小。这条误差最小的直线就是回归线。这样就可以获得回归线的截距和斜率,预测 x 轴上某个点的 y 值。对于机器学习来说,就是寻找到一个合适的线性模型 f,使 $f(x)$ 尽可能与真实值 y 相等。

线性模型还可以用于分类。以具有两种属性的二分类为例,可以在平面内寻找到一条直线,使两种不同类别的数据距离这条直线尽可能地远,如图4-3所示。如果有一个新的样本为 $(1,3)$,由于 $-4 \times 1 + 3 \times 3 + 12 > 0$,所以样本属于 A 类。

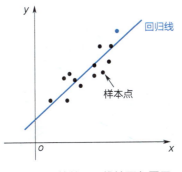 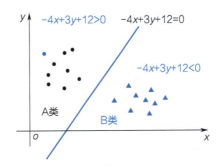

图 4-2 简单一元线性回归图示　　图 4-3 线性分类器示意图

2. 决策树

决策树是一种树形结构，在每个内部节点处对一种属性做出判断，每个叶节点表示预测结果，对模型训练就是寻找判断条件的过程。假设要预测一台设备的故障风险，采用决策树做故障风险值预测如图 4-4 所示。当一台设备运行超过 2 年，曾有 3 次红灯报警，启动时间为 2min，则该设备故障预测分值为 1。

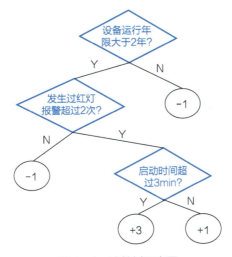

图 4-4　决策树示意图

3. 集成学习

集成学习是指将多个学习模型组合，以获得更好的预测效果和更强的泛化能力。如构建多个分类器，各自独立学习和做出预测，再用某种策略组合这些模型来完成学习任务。比如，可以构建两个决策树来预测设备的故障风险（图 4-5），两个决策树从不同角度对风险值进行预测。若一台设备运行超过 2 年，且曾有过 2 次红灯报警，启动时间 4min，则在 Tree1 中预测的分值为 3，在 Tree2 中预测的分值为 1。综合两个预测结果，这台设备的风险值为 4。

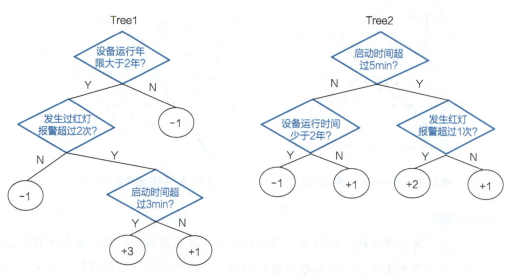

图 4-5 集成学习示意图

集成学习是一种思想，具体的算法有很多，如 RF（随机森林）、GBDT（梯度提升决策树）、XGBoot（极端梯度提升决策树）和 LightGBM（轻梯度提升决策树）等。其中，LightGBM 具有更快的训练效率和更高的准确率，占用内存更小，可以较好地解决数据量大、特征多、数据稀疏的问题，是工业大数据分析中常用的机器学习方法。

4. 聚类分析

聚类是一种无监督学习方法，将未知类别的数据分类到不同的类或者簇，使同一个类或簇中的对象有较大的相似性，而不同类或簇间的对象有较大的相异性。聚类分析的原理是：组内的对象相互之间是相似的（相关的），而不同组中的对象是不同的（不相关的）。组内的相似性（同质性）越大，组间差别越大，聚类就越好。如图 4-6 所示，有一些多边形，以顶点的个数作为特征，那么这些多边形可划分为 3 类，分别称为类别 A、类别 B 和类别 C。对于图中未知类别的多边形，从顶点特征上更接近于类别 C，故将其划分为类别 C。

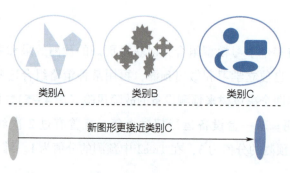

图 4-6 聚类示意图

常见的聚类分析算法为 k-means。k-means 是一种通过均值对数据点进行聚类的算法。k-means 算法通过预先设定的 k 值及每个类别的初始质心对相似的数据点进行划分,并通过划分后的均值迭代优化获得最优的聚类结果。一个简单的 k-means 算法聚类过程如图 4-7 所示。

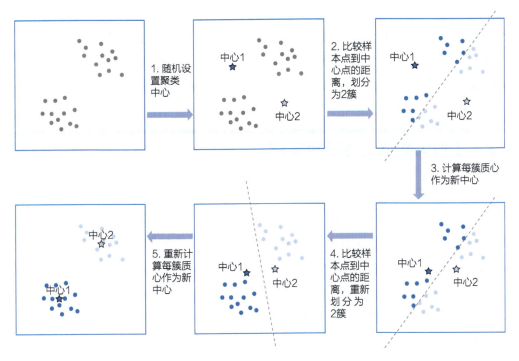

图 4-7 k-means 算法聚类过程

5. 时间序列分析

变量随时间变化,按等时间间隔所取得的观测值序列称为时间序列。时间序列分析法主要用过去的数值预测未来,例如,预测股票变化趋势时发现,过去 3 天某只股票的价格分别为 10 元、20 元和 30 元,那么可以认为每天上涨 10 元,预测明天的股票价格是 40 元,这就是一种简单的时间序列预测。当然,在进行实际问题的时间序列分析时,要综合考虑更多复杂的因素,也需要更复杂的算法,如 ARIMA、稀疏时间序列、指数平滑、移动平均、向量自回归、X11、X12 以及灰色预测等。

6. 关联规则分析

所谓关联规则,就是一种反映属性与其他属性之间的相关性的知识。如果两项属性之间存在着某种关联,那么其中一项属性的状态就可以通过另一项属性的值来进行判断或预测。关联规则算法来源于一个经典的案例:超市里经常把婴儿的尿不湿和啤酒放在一起售卖,原因是经过数据分析发现,这两种产品同时出现在购物篮中的频率超过尿不湿与其他组合。深入挖掘原因发现，父亲购买尿不湿居多，如果他们在买尿不湿的同时看到了啤酒，将有很大的概率购买，这会提高啤酒的销售量。这种分析商品之间的相关性的方法就叫作商品关联分析法，可推广到其他属性关联规则分析。

企业生产过程中发生的故障一般并非传感器和执行器的故障，而是由于工艺操作、控制、设备三方面协调不当而引起的异常工况。针对工业过程参数变化与故障之间的相关性进行分析与研究，能够将工业过程参数与故障之间的关联关系描述为形式统一、表述直观、便于理解、易于传承的故障规则。典型的关联规则分析算法是 Apriori 算法，还有 PCY 算法、多阶段算法、FP-Tree 算法、XFP-Tree 算法和 GPApriori 算法等。

4.3 工业大数据治理项目实例

这里选取制造业中注塑成型工艺的案例介绍工业 PaaS 层中依据机理信息和工业数据进行知识提取和模型搭建的过程，案例数据来源于第四届工业大数据创新竞赛的注塑成型工艺的虚拟量测赛题。本节先详细介绍项目需求、机理信息以及数据集组成，在 4.4~4.6 节将分步介绍数据预处理、机器学习模型构建和数据可视化分析。

虚拟量测是指根据训练集所提供的所有模次产品的过程数据和相对应的实际量测值（标签）进行虚拟量测建模，然后对正在生产的产品进行尺寸预测。注塑成型工艺是指利用注塑机将熔融的原料通过加压、注入、冷却和脱离等操作制作成一定形状的半成品件的工艺过程。由于成型系统较为复杂并且对环境较为敏感，注塑成型加工过程中的不稳定因素很容易导致产品不合格的发生，造成经济损失。获取注塑成型过程中的详细数据来感知这些不可见的干扰因素，然后通过分析建模可解决甚至避免现场痛点问题。比如成型过程的异常检测预警及不合格品的识别，有助于减少甚至避免不合格品的产生，对于管控产品质量、降低生产成本具有重要的作用。同时，针对异常产生时因现场人员经验差异导致调机无法规范化的问题，如果能够根据成型过程数据和异常事件进行建模分析，改进调机策略，可节省大量的时间成本和经济成本。

4.3.1 注塑成型系统机理

注塑机的工作原理与打针用的注射器相似（图 4-8），它是借助螺杆（或柱塞）的推力，将已塑化好的、熔融状态（即黏流态）的塑料注射入闭合的模腔内，经固化定型后取得制品的工艺过程。注塑成型是一个循环的过程，每一周期主要包括定量加料、熔融塑化、施压注射、充模冷却、启模取件。取出塑件后再闭模，进行下一个循环。注塑机一般分为立式、卧式和全电式。这里涉及的注塑机为卧式曲肘注塑机。

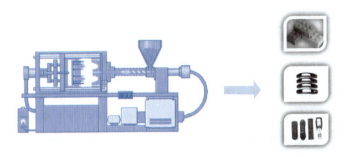

图 4-8　卧式曲肘注塑机示意图

在注塑机生产过程中，一旦开机量产，机台的工艺参数将保持不变，生产过程数据（即成型机状态）会在一个较小的合理范围内波动。注塑成型系统在生产过程中会因为环境、设备等各种因素打破稳定产生异常，生产过程数据发生大的波动，最终异常将体现在产品外观上（图 4-9）。

图 4-9　采用注塑工艺生产的精密装配水晶头及缺陷

在实际生产过程中，产品的外观要从很多角度衡量，比如尺寸、表面粗糙度等。在虚拟量测中，建立生产过程数据与尺寸之间的模型，通过某一模次的生产过程数据来预测尺寸信息。在建模分析的过程中，还可以进一步分析出对尺寸影响较大的因素，提前预测可能的异常尺寸或根据预测结果停机调试。

4.3.2　基于大数据治理的虚拟量测原理

虚拟量测的任务是利用注塑成型工艺过程的状态信息来预测工件尺寸。在机器学习领域，这本质上属于回归问题，解决此类问题的流程如图 4-10 所示。在大数据分析中，回归分析是一种预测性的建模技术，研究目标与预测值之间的关系，即在注塑过程中产生的数据信息与注塑制品尺寸之间的关系。

图 4-10　虚拟量测问题的解决流程

在注塑成型生产过程中，每一个模次产品的生成对应一组数据，其中成型机状态数据、传感器高频数据为特征，产品尺寸为标签。成型机状态数据来自成型机机台，均为表征成型过程中的一些状态数据，每一行对应一个模次，数据维度为 86 维。传感器高频数据来自模温机及模具传感器采集的数据，文件夹内每一个模次对应一个 .csv 文件，单个模次时长为 40~43s，采样频率有 20Hz 和 50Hz 两种，含有 24 个传感器采集的数据。而产品尺寸信息是直接测量或间接测量到的每个模次产品的三维尺寸。

上述数据以 .csv 文件存储，对应的文件路径见表 4-1，文件中每列的含义可以在字段解释文件中查看。.csv 文件可以使用记事本、WPS、MS Office Excel 等软件查看，也可以使用 Python 查看。为了与后续的数据处理和数据建模衔接起来，可以使用 Python 中的 Pandas 工具来查看和初步分析数据情况。

表 4-1　数据集说明

数据	路径
成型机状态数据	./Train/data_spc.csv
传感器高频数据	./Train/Size.csv
尺寸信息	./Train/传感器高频数据/mold_data_spcTime_Id.csv
字段解释	./Train/字段列表及含义.csv

Pandas 是一个强大的分析结构化数据的工具集，它的使用基础是 Numpy（提供高性能的矩阵运算），用于数据挖掘和数据分析，同时也提供数据清洗功能。Pandas 的主要数据结构是 Series（opens new window）（一维数据）与 DataFrame（opens new window）（二维数据），这两种数据结构足以处理金融、统计、社会科学和工程等领域的大多数典型应用。

DataFrame 是 Pandas 中的一个表格型的数据结构，包含一组有序的列，每列可以是不同的值类型（数值、字符串和布尔型等）。DataFrame 既有行索引也有列索引，可以看作是由 Series 组成的字典。

Series 是一种类似于一维数组的对象，是由一组数据（各种 NumPy 数据类型）以及一组与之相关的数据标签（即索引）组成的。仅由一组数据也可产生简单的 Series 对象。

为了方便后续的数据处理，本章实例使用 Python 查看数据。

1) 安装 Python 3.6 + 的编程环境，如果还没有安装 Pandas，首先安装 Pandas 包。

```
pip install pandas -i https://pypi.tuna.tsinghua.edu.cn/simple
```

2）导入数据

```python
# 导入 pandas 模块
import pandas as pd
# 根据路径读入成型机状态数据,并赋值给 train_data_spc 变量
train_data_spc = pd.read_csv('./Train/data_spc.csv')
```

3）查看数据

```python
# 查看前 10 行数据
train_data_spc.head(10)
# 查看尾部 10 行数据
train_data_spc.tail(10)
# 查看表格的基本信息
train_data_spc.info( )
# 基于标签索引
train_data_spc.loc[:, 'spcTime']    # spcTime 这一列
# 基于整数索引
train_data_spc.iloc[2:8]   # train_data_spc 中第 2~7 行
```

4.4 工业大数据预处理

工业大数据预处理是指利用数据清洗对数据集中的异常值进行处理,并对训练集和测试集做相同的标准化处理。在数据处理过程中,充分使用传感器高频信息提取统计特征,用于分析建模,绘制 KDE（Kernel Density Estimation,核密度估计）图,剔除影响泛化性能的特征,为数据分析做准备。

4.4.1 数据预处理相关技术

1. 数据清洗

通常使用历史数据来建立预测模型,而这些数据不可避免地有错误数据、冲突数据,可以称之为"脏数据",不能直接使用。脏数据中具有数据值缺失、数据值重复、数据值有噪声或异常、数据值不规范以及数据量级不同等情况中的一种或几种。由于这些错误或冲突会影响模型的准确性,因此要进行数据清洗。数据清洗常用的方法有以下几种。

（1）缺失值处理　对存在缺失值的变量进行填充,具体按照数据类型的不同,可选择多种方式进行变量的缺失值替换,常用的有最小值、最大值、平均值、众数、中位数和 0 等,还可以采用线性插值法、拉格朗日插值法及牛顿插值法等。

（2）数据过滤　数据行的过滤和筛选是保留满足条件的数据行,过滤不符合条件的数据。例如,对数据值重复的,只保留唯一的一条数据;对于超出范围的,除去超出范

围的数据等。

（3）数据平滑　数据平滑处理可以去除数据中的噪声数据，尤其是数据中存在异常值或比较突兀的尖峰时。一般有多项式样条插值法、基于统计学的方法、基于相似度的方法、基于密度的方法、基于聚类技术的方法以及基于模型的方法等。

（4）异常检测　对存在异常和噪声的数据进行检测和识别，再进一步对识别出的异常值进行处理，比如直接删除、用均值替换、仅输出异常值以及标记异常值等。

（5）数据属性变换　将数据转换为日期、字符串，或按照平方、平方根、对数、四舍五入、单位转换等方式处理。如果不做预处理，数据集成到一起后，会产生不一致的计算结果，这就要求统一计量单位。

（6）数据标准化　标准化可以将不同量级的数据归一化，将数据按照一定的方法由原始数据映射到新数据，以消除多字段组合分析情况下存在的数量级和量纲不同造成的不利影响。通常采用最大值归一化、最大最小归一化及 Z 标准化等方法。

1）最大值归一化是将该列中每个数值除以数值绝对值的最大值。

2）最大最小归一化是将原数据的范围变换到 0~1，或变换到指定最小值和指定最大值之间。

3）Z 标准化是将数据转化为服从接近正态分布的数据，其均值为 0，方差为 1，将数值减去均值后除以标准差。

2. 特征工程

特征工程是指用一系列工程化的方式从原始数据中筛选出更好的数据特征，以提升模型的训练效果。业内有一种广为流传的说法：数据和特征决定了机器学习的上限，而模型和算法是在逼近这个上限而已。由此可见，好的数据和特征是模型和算法发挥更大作用的前提。特征工程通常包括特征编码、特征选择和特征降维等环节。

工业数据具有不稳定性，因此特征的构造往往显得相当重要。不同的构造特征对预测结果有很大的影响，根据高频传感器数据提取序列特征，包括平均值、中位数、最大值和最小值等。

这里的高频传感器数据中有一个重要的标志特征"Phase"，表示不同的动作阶段。在不同阶段，处于动态和稳态的传感器不同，处于稳态的传感器采集到的数据几乎没有变化。因此，需要选择关键工艺阶段的关键传感器数据作为新的特征，以提升建模效果。

选取关键特征、减少干扰特征，可使预测模型具有更好的泛化能力。常用的方法有：使用 KDE 图选取在训练集和测试集同分布的特征；对特征和目标进行相关性分析，选择相关性更高的特征建模。

4.4.2　使用 Python 处理工业大数据

通过观察原始数据可以发现，数据中存在空值、离群点、唯一属性和数据尺度不一致等问题,所以要对数据进行清洗,进行去除空值、异常值处理,以及数据去重、数据归一化和标准化等操作。

1. 读入成型机状态数据

```
import pandas as pd
train_data_spc = pd.read_csv('./Train/data_spc.csv')
```

2. 去除空值

```
na_columns = []
all_count = len(train_data_spc)
# 遍历所有列
for col, count in train_data_spc.isnull().sum().items():
# 如果整列数据超过85%为空值
    if count/all_count > 0.85:
        # 将列名添加到空值列表
        na_columns.append(col)
# 查看空值列
print(na_columns)
# 删除空值列
train_data_spc = train_data_spc.drop(na_columns, axis =1)
```

3. 去除唯一属性值

```
unique_columns = []
# 遍历所有列
for col in train_data_spc.columns:
# 先去除这列中的NA,再检查唯一性
    col_series = train_data_spc[col].dropna().unique()
# 如果属性值唯一
    if len(col_series) == 1:
        # 将列名添加到唯一属性列表
        unique_columns.append(col)
# 查看唯一属性列
print(unique_columns)
# 删除唯一属性列
train_data_spc = train_data_spc.drop(unique_columns, axis =1)
```

4. 保存清洗好的数据

```
train_data_spc.to_csv("./Train/train_data_spc_clean.csv", index = False)
```

5. 传感器高频数据的特征工程

传感器高频数据是在一件产品生产过程中进行的高频采样。以 mold_data_611925088_56694.csv 为例,文件名中的"611925088"为该模次时间代码,与"成型机状态数据"中的"spcTime"相对应;"56694"为该模次号,与"成型机状态数据"中"Id"相对应。在进行数据处理时,通过"spcTime"和"Id"保证数据顺序的一致性。

1)以 mold_data_611028906_33722.csv 为例,查看"Phase"为 1 时传感器的数据。

```
import pandas as pd
mold_data = pd.read_csv("./Train/传感器高频数据/mold_data_611028906_33722.csv")
# 获取本模次中所有阶段 1 的数据
Phase1 = mold_data[mold_data.Phase = = 1]
print(len(Phase1))
# 计算阶段 1 中"Sensor1"列传感器数据的均值,即获得一个统计特征。
Phase1_Sensor1_mean = Phase1.Sensor1.mean()
print(Phase1_Sensor1_mean)
```

2)定义函数批量计算传感器高频数据的统计特征。

```
def get_phase_mean(df, phase, feature):
    features = []
    for i in phase:
        for col in feature:
            mean = df.[df.Phase = = 1][col].mean()
            features.append(mean)
    return features
print( get_phase_mean(mold_data, [1,2], ['Sensor1', 'Sensor2']))
```

3)对训练集中所有数据提取传感器高频数据中的特征。

```
import numpy as np
import os
mold_path = './Train/传感器高频数据'
phases = [1,2]
features = ['Sensor1', 'Sensor2']
new_features = []
Ids = []   # 存放 Id,用于与成型机状态数据合并
# 逐个文件读取
for f in os.listdir(mold_path):
    mold_data = pd.read_csv(os.path.join(mold_path, f))
    new_features.append(get_phase_mean(mold_data, phases, features))
    Id = f.strip().split('_')[-1].replace('.csv','')
```

```python
    Ids.append(int(Id))
# 为新列定义列名
new_colums = []
for pha in phases:
    for fea in features:
        new_colums.append('Phase' + str(pha) + '_' + fea + '_mean')
features_extend = pd.DataFrame(np.array(new_features),
columns = new_colums)
features_extend['Id'] = Ids
# 存储传感器高频信息的特征
features_extend.to_csv('./Train/mold_data_feature.cvs',index = False)
```

6. 合并成型机状态数据和传感器高频信息数据

```python
data_spc = pd.read_csv('./Train/train_data_spc_clean.csv')
mold_data_feature = pd.read_csv('./Train/mold_data_feature.csv')
train_data = data_spc.merge(mold_data_feature, how = 'outer')
train_data.to_csv('./train_data.cvs',index = False)
```

7. 处理测试集数据

在处理测试集数据时应保证保留的列与训练集一致。

```python
data_spc = pd.read_csv('./Train/train_data_spc_clean.csv')
data_spc_test = pd.read_csv('./Test/data_spc.csv')
data_spc_clean_test = data_spc_test[ data_spc.columns]
mold_path = './Test/传感器高频数据'
phases = [1,2]
features = ['Sensor1', 'Sensor2']
new_features = []
Ids = []    # 存放 Id,用于与成型机状态数据合并
# 逐个文件读取
for f in os.listdir(mold_path):
    mold_data = pd.read_csv(os.path.join(mold_path, f))
    new_features.append(stage_feature_mean(mold_data, phases, features))
    Id = f.strip().split('_')[ -1].replace('.csv','')
    Ids.append(int(Id))
# 为新列定义列名
new_colums = []
for pha in phases:
    for fea in features:
        new_colums.append('Phase' + str(pha) + '_' + fea + '_mean')
features_extend = pd.DataFrame(np.array(new_features), columns = new_colums)
features_extend['Id'] = Ids
```

```
# 存储传感器高频信息的特征
features_extend.to_csv('./Test/mold_data_feature.cvs',index = False)
test_data = data_spc.merge(mold_data_feature, how = 'outer')
test_data.to_csv('./test_data.cvs',index = False)
```

8. 绘制 KDE 图筛选特征

KDE 即核密度估计，是指使用一个或多个维度上的连续概率密度曲线来表示数据分布情况。KDE 图是分析数据分布时常用的工具，可以看作是对一组数据分布直方图做平滑处理后的结果。

1）绘制 KDE 图，运行结果如图 4-11 所示。

```
fig = plt.figure(figsize = (80,60), dpi = 75)
for i, col in enumerate(train_data.columns[1:]):
    ax = plt.subplot(8,4, i +1)
    ax = sns.kdeplot(train_data[col], color = "Red", shade = True)
    ax = sns.kdeplot(test_data[col], color = "Blue", shade = True)
    ax.set_xlabel(col)
    ax.set_ylabel("Frequency")
    ax = ax.legend(["train","test"],fontsize = 20)
    plt.xticks(fontsize = 20)
    plt.yticks(fontsize = 20)
plt.show()
```

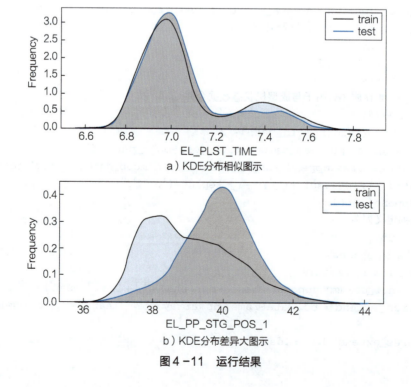

a) KDE 分布相似图示

b) KDE 分布差异大图示

图 4-11 运行结果

2）删除训练集与测试集中 KDE 分布差异较大的特征。

```
drop_columns = []
train_data = train_data.drop(drop_columns)
test_data = test_data.drop(drop_columns)
train_data.to_csv('./train_data_select.csv')
test_data.to_csv('./test_data_select.csv')
```

9. 数据标准化

读入清洗好的数据，使用 Sklearn 对数据进行标准化处理。

```
from sklearn import preprocessing
train_data = read_csv('./train_data_select.csv')
test_data = read_csv('./test_data_select.csv')
scaler = preprocessing.StandardScaler()
# 处理训练集数据
values = train_data .values #dataframe 转换为 array
values = values.astype('float32') #定义数据类型
data_std = scaler .fit_transform(values)
df = pandas.DataFrame(data_std) #将 array 还原为 dataframe
df.columns = train_data.columns #命名标题行
df.to_csv("./train_data_std.csv", index = False)
# 处理测试集数据
values = test_data .values #dataframe 转换为 array
values = values.astype('float32') #定义数据类型
data_std = scaler .transform(values)
df = pandas.DataFrame(data_std) #将 array 还原为 dataframe
df.columns = test_data.columns #命名标题行
df.to_csv("./test_data_std.csv", index = False)
```

4.5 预测模型的建立

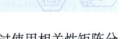

虚拟量测问题的主要预测目标是预测加工件的 3 个尺寸信息，通过使用相关性矩阵分析 3 个尺寸信息，为不同尺寸信息建立不同的回归预测模型，并在测试集上测试模型。

4.5.1 大数据建模的基本方法

大数据分析过程是基于已有数据建立预测模型的过程，大致分为算法选择、模型训练、数据集划分和模型评估四个环节。

1）算法选择。目前已经存在大量成熟的机器学习算法来应对不同类型的数据分析问题。通常来说，只需要根据业务场景选择合适的算法即可。不同的算法在不同的任务中表现不同，可以根据数据特点选择合适的算法。

2）模型训练。选择合适的算法相当于搭建框架，想要得到一个预测模型，还需要使用数据对模型参数进行调整，以得到一组学习好的参数。这个过程称为"训练"或"学习"。模型训练好了，也就意味着找到了最合适的参数，这时模型才能使用。

3）数据集划分。算法建模用到的数据集一般分为两个部分：一部分用于训练模型，称为训练集；另一部分用于评估模型，称为验证集或测试集。原则上不用训练集作为验证集。

4）模型评估。用验证集来判断训练得到的模型是否适用。如果在训练集和验证集上的预测效果差不多，就表示模型质量尚好，可直接使用；如果发现训练集和验证集上的预测效果相差太远，说明模型还有优化的余地。

对于虚拟量测的问题，建立模型的目标是预测加工件的尺寸，适合使用回归分析来处理这个问题。回归分析首先要确定自变量和因变量。因变量是指回归目标，即注塑成型问题中的产品尺寸。影响因变量取值的变量称为自变量，也称为特征，即注塑成型过程中传感器采集的数据。回归分析按照涉及的变量的多少可分为一元回归分析和多元回归分析，按照因变量的多少可分为简单回归分析和多重回归分析，按照自变量和因变量之间的关系类型可分为线性回归分析和非线性回归分析。这里初步确定以线性多重回归模型来解决本例中的虚拟量测问题，可以在工具包中挑选合适的算法来实现，如简单线性回归、逻辑回归、决策树等。

4.5.2 基于实例数据的建模

1. 绘制 3 个目标变量的相关性矩阵

本例中，回归模型的目标是产品的 3 个尺寸信息，通过绘制相关性矩阵，判断建立 1 个还是多个模型。如图 4-12 所示，在相关性矩阵中可以看出，size1 和 size3 具有较强相关性，而 size2 与另外两个变量相关性较弱，因此建立两个回归模型来分析这个问题。

```
import pandas as pd
import seaborn as sns
import matplotlib.pyplot as plt
df = pd.read_csv('./Train/Size.csv')
# 计算两两相关系数
matrix = df[['size1','size2','size3']].corr()
cmap = sns.diverging_palette(220,20,s=75,l=50,n=2,center="light",as
_cmap=True)
plt.figure(figsize=(12,8))
sns.heatmap(matrix, center=0, annot=True, fmt='.2f', square=True, cmap
=cmap)
plt.show()
```

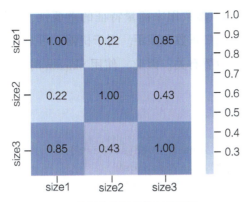

图4-12 目标变量间的相关性矩阵

2. 建立线性回归模型

Sklearn 是 Python 第三方提供的一个非常强力的机器学习库,它包含了从数据预处理到训练模型的各个方面。Sklearn 拥有可以用于监督和无监督学习的方法,一般来说,监督学习使用得更多。其安装命令行如下:

```
pip install scikit_learn -i https://pypi.tuna.tsinghua.edu.cn/simple
```

Sklearn 中的大部分函数可以归为估计器(Estimator)和转化器(Transformer)两类。

(1) 估计器 估计器实质上就是模型,它用于对数据的预测或回归。估计器一般包含以下几种方法。

1) fit(x, y):传入数据以及标签即可训练模型,训练的时间与参数设置、数据集大小以及数据本身的特点有关。

2) score(x, y):用于对模型的正确率进行评分(范围为 0~1)。但针对不同的问题,评判模型优劣的标准不限于简单的正确率,可能还包括召回率或查准率等其他指标,特别是对于类别失衡的样本,正确率并不能很好地评估模型的优劣,因此在对模型进行评估时,不要轻易地被 score 的得分蒙蔽。

3) predict(x):用于对数据的预测,接受输入并输出预测标签,输出的格式为 Numpy 数组。通常使用这种方法返回测试的结果,再将这个结果用于评估模型。

(2) 转化器 转化器用于对数据的处理,如标准化、降维以及特征选择等。转化器一般包含以下几种方法。

1) fit(x, y):接受输入和标签,可计算出数据变换的方式。

2) transform(x):根据已经计算出的变换方式,返回对输入数据 x 变换后的结果(不改变 x)。

3) fit_transform(x, y):在计算出数据变换方式后,对输入 x 就地转换。

以上仅是对 Sklearn 的基本用法的概述,不同的估计器会有不同的属性,例如随机森林方法中的 Feature_importance 参数用来衡量特征的重要性，逻辑回归模型中的 coef_和 intercept_两个参数分别表示回归系数和截距。对于机器学习来说，模型的好坏不仅取决于模型，很大程度上与超参的设置有关。因此，使用 Sklearn 时一定要查阅官方文档，以便对超参进行调整。

1）将训练集数据读入内存。

```
feature = pd.read_csv('./train_data_std.csv')
label = pd.read_csv('./Train/Size.csv')
data = feature.merge(label, how = 'outer').values
train_x = data[:,:-3]
train_y13 = data[:,-3::2]
train_y2 = data[:,-2]
```

2）对 size2 建立单一变量回归模型，并进行学习。

```
from sklearn import linear_model
LR1 = linear_model.LinearRegression(fit_intercept = True, normalize = False)
LR1.fit(train_x, train_y2)
```

3）对 size1 和 size3 建立多输出回归模型，并进行学习。

```
from sklearn.multioutput import RegressorChain
LR2 = linear_model.LinearRegression(fit_intercept = True, normalize = False)
LRchain = RegressorChain(base_estimator = LR2, order = [0,1])
LRchain.fit(train_x, train_y13)
```

3. 保存模型

```
import joblib
joblib.dump(LR1, './size2_model.pkl')
joblib.dump(LRchain, './size13_model.pkl')
```

4. 测试预测模型的效果

1）导入测试集数据。

```
feature = pd.read_csv('./test_data_std.csv')
label = pd.read_csv('./Test/Size.csv')
data = feature.merge(label, how = 'outer').values
test_x = data[:,:-3]
test_y13 = data[:,-3::2]
test_y2 = data[:,-2]
```

2)获得预测结果。

```
from sklearn.externals import joblib
# 加载模型
LR1 = joblib.load('./size2_model.pkl')
LRchain = joblib.load('./size13_model.pkl')
test_pred2 = LR1.predict(test_x)
test_pred13 = LRchain.predict(test_x)
```

3)将预测值与标签进行比较。

```
from sklearn.metrics import mean_squared_error as MSE
mse = MSE(test_pred2,test_y2) + MSE(test_pred13,test_y13)
```

4.6 工业大数据可视化

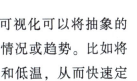

数据可视化就是用不同的视觉表现形式来展现数据,有效的可视化可以将抽象的数字转变成图形、表单等,让普通人可以快速理解数据所代表的情况或趋势。比如将温度传感器数据表示为折线图,可以及时、有效地发现异常高温和低温,从而快速定位故障和修复设备。从生产的角度看,通过可视化工业大数据系统,可以实现对生产全过程的直观监控。对数据进行分析和实时呈现,可实现生产全局的可追溯、可评价和实时管理。

本节将从不同维度对注塑成型案例中的数据做可视化:绘制散点图查看尺寸超标情况,绘制折线图查看成型机状态信息在一段时间内的变化,绘制折线图观测传感器数据的变化情况。

4.6.1 数据可视化的相关技术

Echarts 是一个开源的可视化纯 Javascript 图表库,具有丰富的交互功能与可视化效果(图 4-13),可以流畅地运行在 PC 和移动设备上,是当前主流的可视化工具。在做工业大数据可视化时,Echarts 是一个非常好的选择。Python 的工具库在工业大数据预处理和简单分析方面非常简单易用,所以通常会选择 Python 来完成可视化数据的筛选工作。为了充分利用 Python 的简便性和 Echarts 的丰富效果,这里选择将 Python 与 Echarts 相结合的可视化工具 Pyecharts。

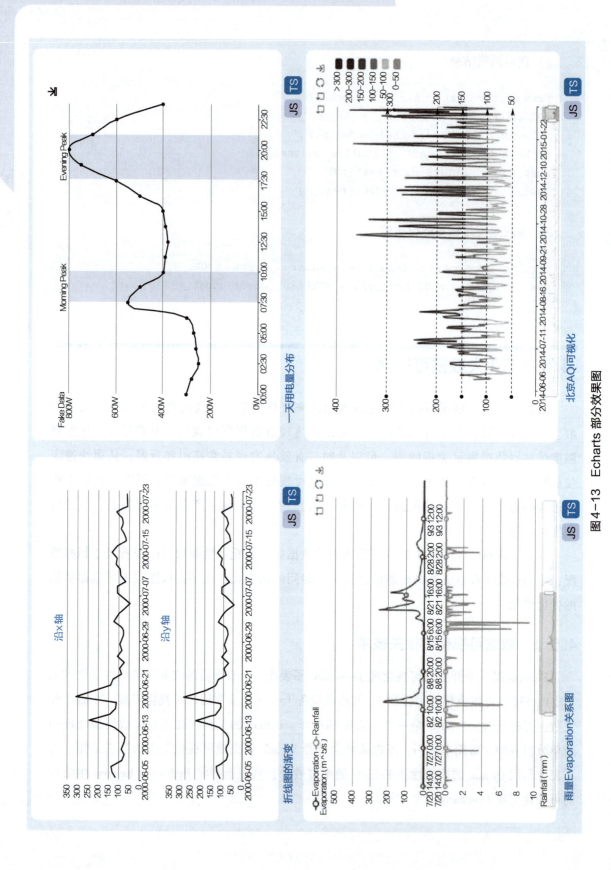

图4-13 Echarts 部分效果图

Pyecharts 是一个生成 Echarts 图表的 Python 类库，具有如下特性：

1）API 设计简洁，使用流畅，支持链式调用。

2）囊括了 30 多种常见的图表，可满足开发者的使用需求。

3）支持主流 Notebook 环境：Jupyter Notebook 和 JupyterLab。

4）可轻松集成至 Flask、Django 等主流 Web 框架。

5）配置项高度灵活，可轻松搭配出精美的图表。

6）文档和示例详细，可帮助开发者更快地上手。

7）有 400 多个地图文件以及原生百度地图，为地理数据可视化提供了强有力的支持。

其安装命令如下：

```
pip install pyecharts -i https://pypi.tuna.tsinghua.edu.cn/simple
```

4.6.2 注塑成型过程数据可视化

1. 观察产品尺寸

产品的"size2"的合格上限是 200.075mm，合格下限是 199.925mm，以此为参考线，观察产品尺寸超标情况（图 4-14）。

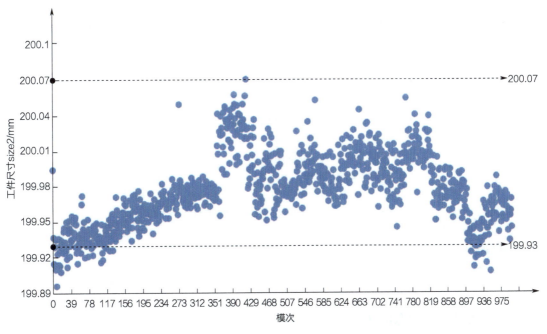

图 4-14 产品尺寸 size2 散点图

```python
from pyecharts.charts import Scatter
import pandas as pd
from pyecharts import options as opts
from pyecharts.commons.utils import JsCode

df = pd.read_csv('./Train/Size.csv')
size2 = df.size2.values
idx = [i for i in range(size2.size)]
scatter = (Scatter()
        .add_xaxis(idx)
            .add_yaxis('', size2,
            # 配置颜色
            itemstyle_opts = opts.ItemStyleOpts(color = 'blue'),
            )
        .set_series_opts(
            # 关闭标签显示
            label_opts = opts.LabelOpts(is_show = False),
            # 设置范围标记线
            markline_opts = opts.MarkLineOpts(
                data = [
                    opts.MarkLineItem(y = 199.925, name = "下限:199.925"),
                    opts.MarkLineItem(y = 200.075, name = "上限:200.075")
                    ],
                linestyle_opts = opts.LineStyleOpts(color = 'red', type_ = 'dotted')
                )
            )
        .set_global_opts(
            yaxis_opts = opts.AxisOpts(
                name = '工件尺寸 size2', type_ = "value",
                # 默认为 False,即起始为 0
                is_scale = True)
            ),
            xaxis_opts.AxisOpts(name = '模式')
        )
#渲染到网页
scatter.render(path = 'scatter.html')
```

2. 监测成型机状态信息

在一次机器参数设定完成后,随着生产的进行,切换位置,即"EL_IV_END_STR"信息会产生一些变化,一般使用折线图来监测这种变化趋势(图 4-15)。

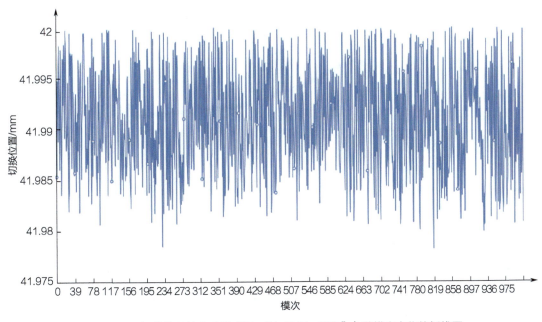

图4-15 切换位置信息(即"EL_IV_END_STR")随模次变化的折线图

```
df = pd.read_csv ('./Train/data_spc.csv')
iv_end_str = df.EL_IV_END_STR.values
idx = [i for i in range(iv_end_str.size)]
line = (Line()
        .add_xaxis(idx)
        .add_yaxis('', iv_end_str,
            # 配置颜色
            itemstyle_opts = opts.ItemStyleOpts(color = 'blue'),
        )
        .set_series_opts(
            # 关闭标签显示
            label_opts = opts.LabelOpts(is_show = False),
        )
        .set_global_opts(
            yaxis_opts = opts.AxisOpts(
                name = '切换位置', type_ = "value",
                # 默认为 False,即起始为 0
                is_scale = True)
        ),
            xaxis_opts = opts,AxisOpts(name = '模次')
    )
line.render(path = 'line.html')
```

3. 监测高频传感器数据

传感器数据的变化与所处的阶段"Phase"相关,绘制多个阶段中传感器 Sensor3 数据的变化(图4-16),并标记不同的阶段。

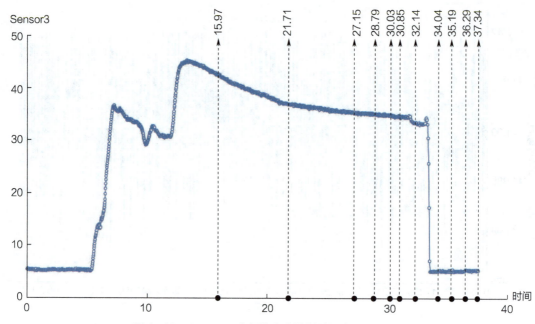

图4-16　Sensor3 高频信息随抽样时间变化的折线图

```
df = pd.read_csv('./Train/传感器高频数据/mold_data_611028906_33722.csv')
data = df.Sensor3
idx = df.SampleTime
phase_range = {}
base = 0
for i,count in df.Phase.value_counts().items():
    right = df.iloc[base + count - 1,0]
    base = base + count
    phase_range['phase' + str(int(i))] = right
line = (Line()
        .add_xaxis(idx)
        .add_yaxis('', data,
            # 配置颜色
            itemstyle_opts = opts.ItemStyleOpts(color = 'blue'),
        )
        .set_series_opts(

            # 设置范围标记线
            markline_opts = opts.MarkLineOpts(
                data = [
                    opts.MarkLineItem(name = k, x = v) for k, v in phase_
                      range.items()
                ],
                linestyle_opts = opts.LineStyleOpts(color = 'red',type_ =
'dotted')
```

```
            ),
            # 关闭标签显示
            label_opts = opts.LabelOpts(is_show = False)
            )
        .set_global_opts(
            yaxis_opts = opts.AxisOpts(
                name = 'Sensor3', type_ = "value",
                # 移动零点位置
                is_scale = True)
                xaxis_opts.Axis Opts(name = '时间,')
            )
        )
line.render(path = 'line_sensor.html')
```

第 5 章
应用层与工业 App 开发

前面章节介绍了如何在边缘层和 PaaS 层分步实现多源异构数据的采集、预处理、存储和建模分析。本章将要介绍的应用层侧重于将采集分析后的数据结合应用进行耦合重组，提供工业创新应用、开发者社区、应用商店以及应用二次开发集成等功能。本章首先简述工业 App 的产生背景与发展趋势，然后以宜科 AppDesigner 和 AppHub 为例，讲解工业 App 开发、部署和管理环境，最后通过案例演示一个工业 App 开发及部署的完整流程。通过本章的学习，读者可以快速建立对于工业 App 的认知，了解其对于工业技术知识积累、传递和共享的重要意义。

5.1 工业 App 的基本概念

5.1.1 工业 App 的产生背景

随着移动互联网的发展和智能终端的普及，人们已经习惯于在智能手机和平板式计算机上使用微信、淘宝、抖音和支付宝等各种 App 来满足个人的通信和消费需求。App 不仅给人们带来了巨大的便利，也在重塑人们的生活方式。可以不夸张地说，人们的衣食住行，几乎都离不开 App 的服务。

类似的变化业已在工业领域发生。早在 2013 年，美国 GE 公司就将 App 概念引入到工业领域，其围绕构建航空发动机、大型医疗设备等高端装备产品的全生命周期管理服务体系，面向全球用户提供应用开发环境以及各类应用和服务，构建以开发者平台和 App 为核心的产业生态体系，提供了涵盖医疗、发动机、核电、石油化工等设备资产管理等领域超过 150 余种 App 应用。

以西门子、博世和 ABB 等为代表的大型制造业企业和 App 解决方案供应商，依据工业 4.0 的体系标准，切入工业数字化服务领域，实现一体化工厂管理理念，涵盖工厂生命周期各环节，提供了一体化数据模型解决方案。在 2017 年 4 月 24 日举办的汉诺威工业博览会上，全球电子电气工程领域的领先企业——德国西门子公司展示了面向预测维护、流程优化以及零部件监控等工业领域的 50 余种 App。全球著名的工业软件公司——美国参数技术公司提出"平台 + Apps + 生态"布局,其工业互联网平台 ThingWorx 包含针对制造企业研发、制造和服务各领域的标准 App 套件。例如针对研发领域的 Navigate,针对制造领域的 Manufacturing Apps、Operator Advisor,以及针对服务领域的 Asset Advisor 等。目前,在 ThingWorx App 应用商店 MarketPlace 中有超过 600 个 App,覆盖不同的行业和功能领域,可帮助用户快速开发与部署工业互联网解决方案。

随着我国两化融合的深入和工业互联网的高速发展,企业需要通过持续积累沉淀工业技术知识以获得创新能力,共享共用需求持续凸显,在工业技术知识与信息技术(尤其是软件技术)之间,需要有一个两方融合的载体,于是"工业技术软件化"理念被提出,在此理念的推动下,借鉴消费领域以及国外工业领域的实践,工业 App 概念被正式提出。

5.1.2 工业 App 的定义

根据工业互联网产业联盟发布的《工业 App 白皮书(2020)》的定义,工业 App 是基于松耦合、组件化、可重构、可重用思想,面向特定工业场景,解决具体的工业问题,基于平台的技术引擎、资源、模型和业务组件,将工业机理、技术、知识、算法与最佳工程实践按照系统化组织、模型化表达、可视化交互、场景化应用、生态化演进原则而形成的应用程序,是工业软件发展的一种新形态。

简言之,工业 App 是基于工业互联网,承载工业知识和经验,满足特定需求的工业应用软件。其依托于工业互联网平台,把各种数据重新组合,经过信息化、知识化的处理,封装成可以执行或者调用的模块,提供生产过程监控、调试维护配置、报警及相应处理、报表实时更新和显示生成等功能。其覆盖的典型工业应用场景如图 5-1 所示。

a)调试、维护、配置　　b)监控复杂生产过程　　c)快速反馈及响应　　d)随时随地查看相关信息

图 5-1　工业 App 典型应用场景

基于工业 App 可以监控各种物联网设备,小到花园里的小型温度传感器,大到生产车间里的巨型机器。其在提供便捷的数据获取与展示手段的同时,也承载了解决特定问题的具体业务场景、流程、数据与数据流、经验、算法及知识等工业技术要素,推动了工业知识的沉淀、复用和重构。工业 App 所承载和封装的具体工业技术知识对象如下:

1）经典数学公式、经验公式：包括机械加工中的车削、铣削和孔加工计算公式，工业企业生产管理中常用的产品合格率、成品率、等级率和单位成本等计算公式。

2）业务逻辑：包括产品设计逻辑、CAD（计算机辅助设计）建模逻辑、CAE（计算机辅助工程）仿真分析逻辑及制造过程逻辑。

3）数据模型：包括数据对象模型、数据交换模型。

4）领域机理知识：包括航空、航天、汽车、能源、电子、冶金、化工和轨道交通等行业机理知识，机械、电子、液压、控制、热、流体、电磁、光学和材料等专业知识，车、铣、刨、磨、镗、铸、锻、焊等工艺制造领域的知识，配方、配料、工艺过程和工艺参数的知识，故障、失效等模型以及关于设备操作与运行的逻辑、经验与数据。

5）适配器：包括工具软件适配器和工业设备适配器。

6）数学模型：包括设备健康预测模型、大数据算法模型和人工智能算法模型。

7）知识表征模型：将多领域知识进行特征化建模形成的知识特征化模型。

8）人机交互：人机交互界面及操作方式。

5.1.3 工业 App 的典型特征

工业 App 借鉴了消费 App 方便灵活的特性，又承载了工业技术软件化的理念；具有软件特性，依托工业互联网平台，具有生态化特征。工业 App 的六个方面典型特征如图 5-2 所示。

图 5-2 工业 App 的典型特征

1）特定的工业技术知识载体。工业 App 是某一项或某些具体工业技术知识的软件形态载体，这是工业 App 的本质特征。工业 App 所承载的工业技术知识只解决具体的问题，而不是抽象后的问题。例如，第 4 章中的注塑虚拟量测 App 承载的工业技术知识只解决某种类型注塑机的成型尺寸预测问题。一般的工业软件虽然也承载工业技术知识，但这些工业技术知识通常是抽象后的通用机理（如几何建模技术与知识），解决的是一大类工业问题。

2）特定适应性。每一个工业 App 承载解决某项具体问题的工业技术知识，表达一个或多个特定的功能，解决特定的具体问题，具有典型的特定适应性。例如，某注塑虚拟量测 App 只完成该类型注塑机的成型尺寸预测，更换注塑机类型后就不适用了。

3）小轻灵、易操作。每一个工业 App 只解决某一些或几项具体的问题，功能单一，并且工业 App 的开发运行都依托平台的资源，每一个工业 App 不需要考虑完整的技术引擎、算法等基础技术要素，因此工业 App 的体量相对较小。工业 App 是富含工业技术知识的载体，通过知识封装和驱动，让一般人也可以使用专业人员的知识，通过简便操作，完成过去需要专业人员才能完成的工作。正因为如此，工业 App 得到了广泛的推广应用。

4）可解耦、可重构。每一个组件化的工业 App 边界清晰，接口明确，因而可以不被绑定到某一个具体的应用软件中，可与其他应用程序或 App 通过接口交互实现松耦合应用。

5）依托平台。工业 App 从概念提出到开发、应用，以及生态的构建与形成，都是基于平台开展的。每一个工业 App 只解决特定的具体问题，这就要求工业 App 必须具备一个庞大的生态来支撑。生态的建设需要社会力量共同努力，平台既可以提供工业 App 生态快速建设的基础，又可以减少每一个 App 开发过程中的基础技术开发和基础资源构建工作，降低工业 App 开发门槛，还可以通过平台来统一规范与标准，实现工业 App 的广泛重用。

6）集群化应用：由于每个工业 App 只解决特定问题，所以对于一些复杂的工业问题，可以通过问题分解将复杂问题变成一系列单一问题，每一个单一问题由对应的工业 App 来解决，通过多个边界和接口明确的工业 App，按照一定的逻辑与交互接口进行系统性组合，利用工业 App 集群解决更为复杂的系统性问题。例如，飞行器总体设计 App 将飞行器总体设计分解为数百个小问题，通过超过 300 个工业 App 的集群化组合应用，实现了飞机这个复杂系统的总体设计应用。

5.1.4 工业 App 与消费 App 的联系与区别

工业 App 借鉴了消费 App 的概念。在单纯 App 的特征方面，工业 App 在体量小轻灵、易操作、易推广重用等方面充分借鉴了消费 App 的特性。但是工业 App 与消费 App 有明显的区别，见表 5-1。

表 5-1 工业 App 与消费 App 的区别

消费 App	工业 App
小轻灵、易操作	继承小轻灵、易操作的特征
基于信息交换	基于工业机理
to C	to B
用户是消费者，即非专业用户	用户是产品设计、生产、经营者，即专业用户

注：服装、食品等消费品工业 App 与消费 App 分别支撑产业链前后端，二者需要整合。

消费App是基于信息交换的，工业App是必须有机理的。工业应用有因果关系，这些表达因果关系的工业技术知识常常通过机理模型、经验模型和数据模型等承载，是企业重要的数据资产和核心价值。

消费App针对个人用户（to C），解决个体的通用需求，多应用在流通、服务等环节，面对非专业用户，提供流通和服务过程中的流程、信息、资金和评价等应用。举例来说，这些非专业用户可能很会买衣服、穿衣服，但不会设计衣服、生产衣服。

工业App针对企业用户（to B），解决工业问题，多应用在工业产品的研发设计、制造、维修服务与企业经营管理等环节，面对专业用户，提供企业产品设计、制造和维修等专业应用。这些专业用户是设计产品、生产产品的，工业App承载的也是设计、生产产品等专业领域的工业技术知识。

工业App与消费App并不是完全没有关系，在某些工业领域，如食品工业、服装加工业等，由于产品的最终用户是一般消费者，通常会将面向用户（一般消费者）的消费App与面向企业的工业App打通，形成产业链上的应用闭环。

简单来说，关于工业App和消费App的区别，可以看App所针对的使用对象是终端消费者还是研发、生产经营者，通常前者是消费App，后者是工业App。

5.1.5　工业App的发展趋势

1. 我国工业App的发展趋势

从发展背景角度看，工业App作为工业技术经验、规律与知识的沉淀、转化和应用的重要载体，是工业互联网价值实现的最终出口，对于提高我国制造业发展起点及国际竞争力，带动传统产业和地区经济数字化、智能化转型，实现工业技术知识的更好积累、传递、共享等方面具有重要作用。首先，2020年，全国工业App数量已超过25万个；2021年，工业和信息化部发布《"十四五"软件和信息技术服务业发展规划》，提出"到2025年，工业App突破100万个"。其次，我国网络协同制造、个性化定制、服务型制造等新模式蓬勃发展，大数据、人工智能等前沿领域势头强劲，积累的大量技术、数据资源能够为工业App发展奠定技术和数据基础。再次，我国拥有支付宝、微信等全球领先的消费App、超过2000款政务民生领域App，其运营模式可以对工业App提供有效借鉴。

从应用角度看，工业App已步入高速发展阶段，其应用正逐步覆盖横向多工业环节和纵向多业务层级。

（1）横向应用　横向应用覆盖研发设计、加工制造和运维服务等不同环节，具体如下：

1）研发环节：将工业机理、技术知识结构化、模型化，封装形成工业App来驱动工业软件平台，实现特定研发场景应用，如索为系统将飞机设计流程、技术知识与最佳实践封装为工业 App，驱动 CATIA、NX、Creo 和 CAE 等软件完成飞机总体及零部件的设计与仿真。

2）制造环节：将一些关键的高度重复环节核心技术封装，以优化工艺、提升效率、稳定质量。精诺智能熔炼 App 提供了 127 种合金钢个性化配料模型，可解决熔炼合金原料成分配比问题，实现原材料成本控制和产品质量最优。某公司的自动缺陷分类 App 可替代 60% 的检测人员，识别速度从 2~3s/张缩短至 250ms/张，产品良率提升 5%~6%。

3）运维环节：主要指用于设备运行监视、报警、故障分析、维护等的工业 App，如针对油气管道智能巡检、高铁转向架健康监测、飞机发动机技术状态管理、大型能源机组主设备指标检测等的工业 App。

（2）纵向应用　纵向应用贯穿设备、车间、企业等不同层级，具体如下：

1）设备层级：主要以提升设备运行效率为落脚点，运用工业 App 对设备故障频发区域与周期的数据进行监测和分析，感知设备的健康状况，预判故障发生，开展预测性维护。

2）车间层级：主要是在工艺工装、生产管控和计划管理方面的应用。例如，瀚云科技的工厂生产管理 App 能够实现车间内部设备运行、生产过程监控以及人员排单绩效等的信息化、智能化管理。

3）企业层级：利用工业 App 来推动企业经营的可视化、透明化，加快采购、生产、营销和仓储物流等的全局数字化、决策智能化。例如，鼎捷软件的企业运营管控 App 可以完成追溯、监控、检测、洞察、商机挖掘以及准确预测全流程，增强企业商业变化洞察力。斯诺物联研发的货准达企业物流智能 App 主要面向制造企业物流业务中的信息不对称、流程不透明以及标准不规范等问题。

从技术角度看，工业 App 的发展将呈现五个方面的趋势：从线下到线上的工业 App 开发模式变化、开发者社区助推工业 App 开发、开发主体逐渐转变、工业 App 与大数据相结合以及传统工业软件微服务化重构。随着工业互联网平台、软件开发平台以及智能制造云服务平台的不断推广，工业 App 的开发模式也将由传统的线下定制向"平台 + App"的线上开发模式转变。

2. 低代码开发技术

工业互联网迫切需要解决的问题之一是 IT（Information Technology，信息技术）与 OT（Operation Technology，操作技术）融合。IT 基于计算机和通信技术，OT 基于自动化技术。OT 最重要的任务是让设备顺利连接、安全运行。至于数据分析和软件编程的工作，往往留给了 IT 人员。然而 IT 却无法对业务本身做很好的裁剪和解剖。尽管 IT 和 OT 融合正日益得到关注，但是 IT 人员的眼中只有代码，OT 人员的眼中只有设备，这里有天然的鸿沟。

和消费 App 不同，工业 App 更多需要由制造行业而不是 IT 行业的人员开发。工业

App 开发者的特点是编程经验少，但熟悉制造知识和工业应用，因此工业 App 需要新的开发技术和开发环境，这就是低代码开发技术。低代码开发技术的主要特点如下：

1）低代码开发技术是一种无需考虑编程语言，而只需要关注业务逻辑本身的应用程序开发技术。在低代码开发环境中，"编程"通过拖拽而不是写代码的方式完成，即"所画即所想"。拖拽的对象是工业元素，拖拽形成的视图背后就是业务逻辑的组合。低代码开发技术是促进 IT 和 OT 联手的便利工具，尽管它并非为此而生（比如，云 CRM 供应商 Saleforce 早已广泛使用此技术）。

2）低代码开发技术能够大幅缩短应用开发周期，它表面看上去提供的是速度，但其实它提供的是"将知识变成可见的想法"。没有程序开发经验的"平民开发者"可以通过低代码开发环境开发功能模块，让专业知识用图形来表达；而专业开发者则可以开发更复杂的应用，减少手动编码量，缩短应用交付的周期。

3）低代码开发环境能够在多个维度上促进协作，包括 IT 和 OT 间的协作、职业开发者与平民开发者间的协作以及开发者团队中不同角色间的协作。低代码开发环境尽管是全民编程的基础设施，但它并不必然指向去削弱专业程序员的价值。恰好相反，OT 人员终于可以和 IT 人员紧密合作，OT 人员定义解决方案的实质性内容，IT 人员做更加深入的细化，低代码开发环境使二者的工作成果变得浑然一体。

4）低代码开发技术具有跨平台（Cross-platform）的特点，它可以编译部署在多个平台（如 Native iOS、Native Android 和 PC 端等）上的代码，可以使用 Native Api 调用安卓原生接口，并具有持续交付的能力；只需一个代码库，编写一次，即可在任何地方运行。对于用户而言，无需下载安装，即点即用，可以享受原生应用的性能体验。这种应用具有免安装、免存储、一键直达及更新直接推送四大体验优势。

美国咨询公司（Forrester）在 2019 年的报告中指出：虽然只有 10%～15% 的公司使用低代码开发环境构建软件，但这些工具的市场和使用率正在迅速增长。有将近 60% 的自定义应用程序是在 IT 部门之外构建的，其中 30% 左右是由具有有限的技术开发技能或者没有技术开发技能的雇员建造的。在工业制造领域，高开发成本与工厂低人力成本替代之间的矛盾愈发凸显。在此背景下，支持"可视化拖拽＋写少量代码"、成本更低的低代码开发模式愈加得到制造企业的青睐，工业 App 的开发将逐渐成为低代码开发技术的"主战场"。

5.2 工业 App 开发工具

在 2.2 节中，介绍了宜科 IoTHub 工业互联网平台的部署。其中，AppDesigner 界面就是一个在线的工业 App 开发工具。下面以宜科"AppDesigner＋IoTHub"为例，介绍基于低代码开发技术的工业 App 线上开发环境。

5.2.1 AppDesigner 简介

AppDesigner 是一个单界面应用程序，是宜科公司工业互联网平台 IoTHub 的选配组件，它允许用户以拖放式交互等无代码或低代码开发的方法，在 Web 前端轻松创建工业 App。因此，用户无需编写源代码即可定义工业应用的 UI 和应用逻辑。当用户在 AppDesigner 中完成工业应用建模后，即可在云端完成工业 App 的编译打包，并通过二维码的方式将创建好的工业应用导出。

工业 App 承载的数据均来自其依托的工业互联网平台，两者的关系如图 5-3 所示。工业互联网平台从多个源（Things）收集数据，并以不同格式（协议 A、B、C）发送数据。然后，工业互联网平台进一步处理这些数据，并使用标准化的 Web 对象模型提供这些数据。这些标准化的数据就是工业 App 访问和进一步操作的对象，用户可以通过工业 App 从工业互联网平台获取这些数据的分析结果，在大屏幕或类似设备上显示这些数据，并在智能手机、网络用户界面中轻松访问。

AppDesigner 的操作界面包括登录页、设置页和编辑页三个部分。

在图 5-4 所示的登录页中可以加载或新建一个工业 App。新建工业 App 时必须输入标题和唯一标识符。标识符可以基于标题自动生成，也可以根据用户的喜好自定义。

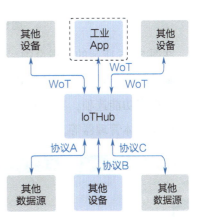

图 5-3 工业 App 与工业互联网平台（IoTHub）的关系

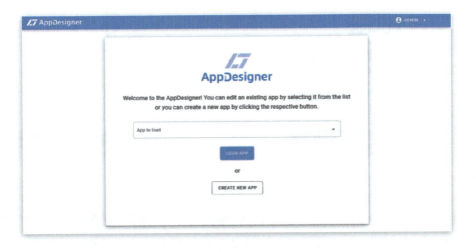

图 5-4 AppDesigner 登录页

在图 5-5 所示的设置页中，可以设置 AppDesigner 的主题配色和语言版本。例如，右上角导航栏的用户菜单中有 Dark Theme（深色主题）开关选项，⌘按钮用于选择语言版本，AppDesigner 目前支持中文、英语和德语。

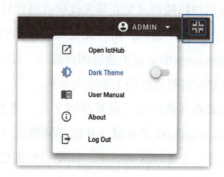

图 5-5　AppDesigner 用户菜单

在图 5-6 所示的编辑页中，可以对应用程序进行设计开发。应用程序编辑器由三个模块组成，分别是组件树、组件编辑器和应用程序预览区。在最左侧有一个侧边栏，可以访问更多功能选项，如保存和删除应用程序、显示应用程序的二维码、常规应用程序设置以及媒体管理器等。

图 5-6　AppDesigner 编辑界面

应用程序编辑器是 AppDesigner 最核心的功能界面，下面从基础组件开始，依次介绍组件树、组件编辑器和 App 预览模块的基本功能和使用方法，并在此基础上进一步介绍媒体管理器和应用程序的常规设置。

5.2.2 工业 App 的组件

组件是构成工业 App 的基本要素，也是 AppDesigner 的核心构件，包含四种基本类型：布局组件、静态组件、输出组件和输入组件。布局组件主要用作其他组件的容器，静态组件可以展示静态内容，输出组件可以展示动态内容，输入组件用于操作 IoTHub 上的数据。

1. 组件的公共属性

所有组件共享一组公共属性，可以使用组件编辑器进行编辑。

1) Title：Title 属性在应用程序中不可见，仅用于标识组件树中的组件。

2) Margin：Margin 值用于在组件周围预留空间。四个方向（顶部、右侧、底部和左侧）可以独立取值，也可以设置为同一个值。

2. 布局组件

与其他类型的组件不同，布局组件不直接可见，只是作为容器来对其子组件进行分组。目前，AppDesigner 中有三种类型的布局组件：根、行和列。

布局组件用于对其他组件进行分组，因此布局组件可以指定其子组件应如何沿水平轴和垂直轴对齐。如图 5-7 所示，可以在多个对齐模式之间进行选择。使用居中对齐、顶部对齐、底部对齐、左对齐或右对齐，元素分别被放置在布局组件的中心、开头或结尾，并确保元素之间的间距均匀分布。

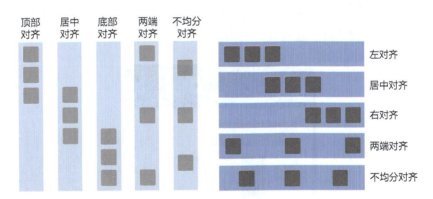

图 5-7　垂直和水平对齐

1) 根布局组件。每个新应用程序最初都只有一个根布局组件。此组件包含所有其他组件，不能被手动删除或添加。它将子组件彼此对齐，可以指定所包含的组件如何沿水平轴和垂直轴对齐和分布。

2) 行布局组件。行布局组件只能作为根布局组件的直接子组件添加。如果超出可用空间，它会将其子组件相邻对齐并换行到下一行。与根布局组件一样，可以指定子组件应该如何沿水平轴和垂直轴对齐和分布。

3）列布局组件。列布局组件将它们的子组件彼此上方对齐。它们只能放在行布局组件中，指定所包含的组件应如何沿水平轴对齐和分布。此外，不能向列布局组件添加任何其他布局组件。

3. 静态组件

静态组件不链接来自 IoTHub 的数据，只用于显示创建应用程序时指定的内容，并且在应用程序运行过程中不会变化。目前，静态组件包括文本组件、方框组件和图像组件。

1）文本组件。文本组件用于显示静态文本的简单组件，适合创建标题、标签或信息文本。如图 5-8 所示，文本组件的外观可以通过各种选项来设定，如字体、对齐方式和文本样式等。

图 5-8　格式化字体文本组件

2）方框组件。方框组件表示一个简单的静态正方形。如图 5-9 所示，方框组件除了宽度、高度可独立设置外，还可以为其选择背景色。

图 5-9　方框组件

3）图像组件。图像组件用于在应用程序中显示静态图像。组件的宽度、高度可以与输入图像不同，当组件与图像的宽高比不一致时，组件会自动对图像进行缩放后显示，周边区域默认留白。图像组件中显示的图像必须首先上传至媒体管理器，然后才可以通过图像组件的选择框在应用程序编辑器中进行选择。

4. 输出组件

与静态组件不同，输出组件可以根据 IoTHub 上属性的当前值在应用程序运行时更改其内容或外观。AppDesigner 目前支持三种输出组件：属性值文本组件、进度条组件和动态图像组件。

1）属性值文本组件。如果只想以文本形式显示来自 IoTHub 的当前属性值，那么属性值文本组件是不错的选择。它包含了静态文本组件所有的基本特性，并支持所选择的属性值在程序运行时实时更新并显示。如果 IoTHub 当前没有可用数据，则可以指定占位符文本。

2）进度条组件。基于方框组件，进度条组件（图 5-10）提供了根据属性的当前值按比例填充此方框的方法，填充比例取决于 IoTHub 上选定属性的当前值。除了方框组件的基本属性之外，进度条组件还可以定义方框内未填充区域的第二颜色值，并且可以选择进度条填充方向，例如从左到右、从右到左、从上到下以及从下到上。

图 5-10　进度条组件

3）动态图像组件。动态图像组件包含了普通图像组件的所有基本特性，并允许在选定的属性满足给定条件时，将默认图像交换为备选图像。

5. 输入组件

输出组件主要用于从 IoTHub 读取并显示数据，而输入组件可用于写入数据，写入值可以在 AppDesigner 中预定义（例如按钮、属性值下拉列表），也可以由应用程序用户直接指定（例如属性值输入）。为了向用户提供输入反馈，可以选择为每个输入组件定义信息消息，当组件的发送按钮被单击时，该信息自动显示。

1）按钮组件。按钮组件（图 5-11）用于用户确认执行某些操作，例如写入、递增或递减 IoTHub 中属性的值。通过选择按钮颜色和文本颜色，可以自定义按钮的视觉外观，还可以设置单击按钮后在指定的时间段内禁用该按钮。

图 5-11　按钮组件

2）属性值下拉选择组件。属性值下拉选择组件（图 5-12）允许用户从预定义的一组选项中选择某一个值。单击发送按钮后，选定值将写入相应的属性。可以在组件编辑器中指定属性值下拉选择组件的提示文本、发送按钮颜色和组件的宽度。对于每个选项，必须定义一个标签和对应的数值，应用程序运行时只有标签可见。此外，还可以将一个选项标记为默认选项。

图 5-12　属性值下拉选择组件

3）属性值输入组件。属性值输入组件（图 5-13）的行为类似于按钮的写入效果。但是，用户可以自己决定写入什么值。与之前的组件类似，可以在组件编辑器中定义组件的宽度、颜色和可选的提示文本。考虑到某些属性类型只允许特定值输入或满足指定取值范围，因此通过属性值输入组件输入的数据将首先进行验证，如果输入值无效，将显示警告信息，并且无法单击发送按钮。对于布尔值类型的属性，输入字段将替换为具有两个值（true 和 false）的选择菜单。

图 5-13　属性值输入组件

5.2.3 工业 App 编辑与预览

1. 组件树

组件树是应用程序编辑器的三个主要模块之一。它将应用程序界面（UI）的设计可视化为树结构（图 5-14）。组件树中的布局组件条目（根、行、列）可以通过单击标题旁边的小箭头展开和折叠；组件之间的父子关系也可以通过缩进进一步体现，子组件总是在父组件的基础上进一步缩进。除了可视化功能之外，组件树还是重新排序、删除现有组件以及创建新组件等核心功能的操作区域。

图 5-14　组件树

1）添加组件。要添加新的组件，必须首先在组件树中选择布局组件，可以通过标题旁边的展开/折叠箭头快速浏览和定位。此时，用户将看到用于删除（"🗑"图标）和添加（"+"图标）组件的图标。单击"+"图标后将在组件树的底部显示添加组件面板（图 5-15）。

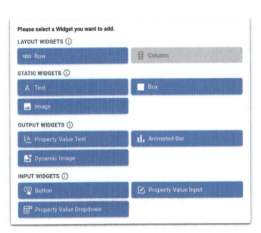

图 5-15　添加组件面板

可以在添加组件面板中找到每个组件类型的按钮。当然，并非所有布局层级都允许使用行布局和列布局组件，此时无法使用的组件对应的按钮将变灰。通过单击其中一个按钮，可将相应的组件添加到当前选定的布局组件中，并通过组件编辑器选定后进行进一步编辑。

2）删除组件。要删除现有组件，必须首先在组件树中选择它。此时，一个小垃圾桶图标将出现在组件旁边。单击该图标会显示确认对话框，确认后该组件将被删除。删除布局组件的同时也会删除它的所有子组件。

3）组件重新排序。组件树也可以用来对组件重新排序。可以根据需求更改组件的顺序，甚至可以将它们向上或向下移动一个布局层级。只需按住鼠标左键将组件树中的组件拖到所需位置并释放，随后界面将自动更新为新结构。但是，特定的布局组件类型只能放在某些特定的层级上。

2. 组件编辑器

组件编辑器（图5-16）也是应用程序编辑器的三个主要模块之一。除了在组件树中的层级位置外，所有组件的设置与调整均在组件编辑器中进行。要编辑组件，首先必须在组件树中选中它，组件编辑器将自动打开该组件的详细编辑界面，绝大多数属性均可以通过简单的输入或选择进行编辑。

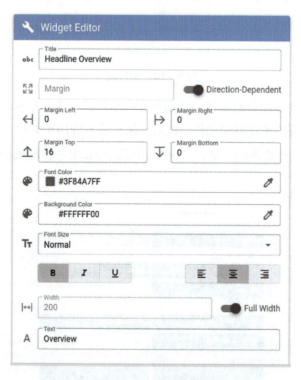

图5-16　组件编辑器

1）颜色。组件编辑器提供了一个颜色选择器组件（图 5-17），用于各个组件的字体颜色或背景色的调色及设置。第一个滑块用于调整颜色区域，第二个滑块用于调整颜色的透明度，单击"颜色选择器"对话框顶部颜色区域的相应位置即可完成颜色拾取。

图 5-17　组件编辑器中的颜色选择器组件

2）提示工具。组件编辑器中的小信息图标通常包含相应属性或控件附加信息的提示，将鼠标指针悬停在图标上方可以显示相关信息。界面元素被禁用时，也可以使用此类工具查看相关提示。例如，如果用户想知道为什么某个选项对组件不可用，可将鼠标指针移至其上方。

3）校验。组件编辑器中的大多数输入字段都会在用户输入时自动校验。如果输入的值无效，则在输入字段下方显示相应的警告（图 5-18）。

图 5-18　组件标题属性校验

4）效果编辑。按钮效果和下拉组件的选项支持实时可视化（图 5-19），可以通过拖放对效果或选项进行排序。单击"×"图标可以删除效果或选项；单击" "图标可以进行编辑，此时可以看到所需的输入和控制参数。

图 5-19　按钮效果编辑

每次通过组件编辑器编辑组件属性时，工业 App 的外观会在应用程序编辑器中实时更新。组件树主要显示用户界面的结构，而应用程序预览主要展示工业 App 的最终外观。除了呈现用户界面外，应用程序预览还提供了其他丰富的功能，例如启用模拟模式或启用调试线。这些功能可以通过单击预览工具栏中的图标直接触发。

5）模拟模式。当模拟模式（图 5-20）被禁用时，预览完全是静态的，用户无法与其交互。可以启用模拟模式，以实现输入和输出组件的仿真模拟操作。单击播放图标，可将其更改为暂停图标，输出组件将开始接收模拟数据，此时用户可以与输入组件交互。在模拟模式下，数据是虚拟数值，独立于所选定属性的实际数据，交互对各自的事物/属性没有影响。仿真模式仅用于动态组件视觉外观的仿真模拟。

图 5-20 App 预览

6）调试线。通常情况下很难判断组件的大小、边距对整个用户界面的影响，App 预览提供了调试线功能来解决这个问题。单击预览工具栏左侧的图标启用调试线，可以看到调试线有两种不同的颜色，红线表示组件的外部边界，包括指定的边距；蓝线表示组件的实际边界。如果组件没有外部空间，则只显示红线。

5.2.4 工业 App 多媒体管理与属性设置

媒体管理器用于管理应用程序中使用的所有图像（程序图标除外）。可以通过侧边栏中的图像图标在应用程序编辑器中打开并访问多媒体管理器。位于屏幕左侧的是所有上传媒体文件的列表，单击其中的文件，将显示其详细信息和预览图（图 5-21）。

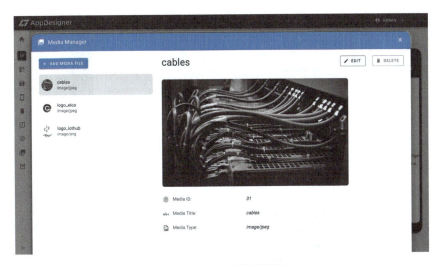

图5-21 多媒体管理器

1. 多媒体管理

1)添加多媒体文件。要添加多媒体文件(图5-22),只需单击媒体列表顶部的添加按钮,从计算机中选择一个图像文件并设置标题,该标题将是之后在组件编辑器中标识图像的唯一属性。上传图像后,可在组件编辑器的图像列表中进行查看。

图5-22 添加多媒体文件

2)编辑多媒体文件。从多媒体管理器的列表中选择一个已上传的图像文件,单击"编辑"按钮,可对其进行编辑。关于标题和图像文件的修改要求,可查看输入字段旁边的信息提示。

3)删除多媒体文件。首先从多媒体管理器的列表中选择图像,然后单击"删除"按钮,即可删除图像,使用该图像的组件将不再显示任何内容。

2. 应用程序的常规设置

在侧边栏中单击"✿"图标,可访问应用程序设置对话框(图5-23)。对应用程序设置的更改可通过单击"保存"按钮来保存。单击"取消"按钮,可放弃所有更改并关闭对话框。

图 5-23　App 设置对话框

1）应用程序标题。应用程序标题最初是在创建新应用程序时设置的，可以在应用程序设置中随时更改。

2）应用程序版本。应用程序版本信息将显示在 AppHub 应用程序概述中的应用程序标题旁边。

3）标题栏（字体）颜色。通过颜色选择器定义应用程序标题栏的颜色，背景和字体颜色之间应保持一个良好的对比度。

4）程序图标。程序图标显示在 AppHub 的应用程序概述（图 5-24）中。图标最好是正方形的，因为它将被自动裁剪并适配正方形区域显示。如果未指定程序图标，则会显示默认图标。

5.2.5　工业 App 发布与管理

通过 AppDesigner 完成工业 App 的开发后，需要便捷地将云端创建的工业 App 发布并交付用户使用。IoTHub 工业互联网平台提供了一个易用的移动端工业 App 管理工具——AppHub 应用管理平台。本小节将详细介绍 AppHub 的基本功能模块。

1. AppHub 简介

AppHub 是一个跨平台的移动应用程序，用于添加和执行由 AppDesigner 创建的工业 App。它有一个概览界面，界面显示所有已添加到 AppHub 的工业 App。这些 App 是通过扫描 AppDesigner 生成的二维码自动添加的，在概览中单击相应图标即可运行该工业 App。

AppHub 的基本功能如下：

1）导入工业应用。AppHub 提供了一个二维码扫描器，可帮助用户导入 AppDesigner 创建的工业 App。用户需要扫描 AppDesigner 生成的二维码并通过验证才能下载工业 App。AppHub 将程序保存在本地数据库。

2）运行工业 App。当用户在概览中选择工业 App 后，AppHub 将从本地数据库检索相应的应用程序模型，通过模型解释技术在不需要编译的情况下运行工业 App。

2. AppHub 的操作界面

（1）AppHub 主界面 当用户首次打开 AppHub（图 5-25）时，将在启动页显示完成后进入应用概览主界面。

1）主菜单。AppHub 的主菜单可以通过左上角的三行按钮或从屏幕左边框开始从左向右滑动来访问。通过主菜单，用户可以进入视图简介、用户手册、添加不带二维码的应用程序以及重置登录等功能界面。

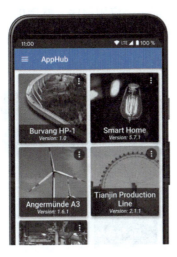

图 5-24　宜科 AppHub 中的 App 预览　　图 5-25　AppHub 主菜单

2）语言。与 AppDesigner 不同，用户不能手动更改 AppHub 的语言。它会自动选择与设备匹配的系统设置。AppHub 目前支持中文、英语和德语。

（2）App 管理界面 运行和管理工业 App（使用 AppDesigner 创建）是 AppHub 的中心任务。下面详细介绍如何添加、更新、删除、共享和启动这些应用程序。

1）添加应用程序。用户可以直接扫描应用程序二维码，将其自动添加到 AppHub；也可以输入应用程序标识符，手动导入程序。

通过二维码添加只需单击概览屏幕右下角的按钮打开二维码扫描窗口（用户首次使用需要授予 AppHub 使用设备相机的权限），扫描应用程序的二维码即可。用户可以通过单击 AppDesigner 应用程序编辑器侧栏中的相应图标找到二维码，也可以从 AppHub 已经添加的应用程序中打开相应二维码。

如果用户无法使用二维码或无法使用相机，可以选择手动添加应用程序（图 5-26），需要应用程序标识符及其基本 url。用户可以在 AppDesigner 中 App 二维码信息页的下方找到相关信息。另一种方法是在 AppDesigner 中打开应用程序的编辑器时，从浏览器的地址栏获取 url。基本 url 是/designer/edit/…之前的部分，而应用程序标识符是/designer/edit/后面的部分。

2）运行 App。要运行已添加到 AppHub 的工业 App，只需单击相应的应用程序图标即可。如果在此期间重置了登录，则用户必须重新登录后才能访问应用程序列表。

3）刷新 App。通过 AppDesigner 应用程序编辑器对工业 App 进行更改后，必须在 AppHub 中更新应用程序，以便使更改生效。首先单击应用程序缩略图右上角的"：" 图标，打开应用程序选项。然后单击"刷新"，AppHub 将获取此应用程序的最新数据。完成此操作后，再次启动更新后的应用程序方可使用最新功能。

4）删除 App。如果用户不再需要某个特定的应用程序，可以打开应用程序选项（图 5-27），然后单击删除。还可以通过长按标记多个应用程序，然后单击右上角的删除图标，一次删除多个应用程序。当然，应用程序可以在任何时候再次添加，只要它没有在 AppDesigner 中被彻底删除。

图 5-26　通过 url 添加应用程序

图 5-27　App 选项：刷新、分享、删除

5）分享 App。有时，用户已经向 AppHub 添加了某个工业 App，但用户的同事还没有添加。此时，用户可以打开应用程序选项（图 5-27）并单击共享，即可打开二维码，其同事可以通过 AppHub 二维码扫描功能添加该应用。

(3) 警报概览页　当涉及机器和设备的监控流程时，警报是一个非常重要的概念。因此，AppHub 包含了一个警报概览页，适用于通过 AppDesigner 创建的所有应用程序。这里从应用程序用户的角度介绍 AppHub 的报警功能。

1）监控报警。使用 AppDesigner 创建的每个应用程序都会自动包含一个警报概览页，可以通过打开应用程序并单击右上角的报警图标来访问该警报概述。报警概述显示所有与应用程序连接的设备的实时警报。当与工业互联网平台的连接可用时，报警概览每隔 5s 更新一次。在图 5-28 所示的报警概览中，用户可以看到如下不同的状态。

① Idle（绿色）是当前未激活的报警。

② Active（红色）是一个激活但未确认的报警。

③ Active（橙色）是一个激活且已确认的报警。

④ Off（灰色）表示当前未启用报警。

图 5-28 AppHub 报警概览

报警的严重性显示在第二列中，文本包含以下信息：顶部的报警标题、标题下方的警报级别、警报连接到的对象的 ID、报警连接到的属性名称，最后一列显示报警是否已确认、未确认或不可确认（只能确认 Active 报警）。

2）确认报警。AppHub 允许用户确认报警，只能确认 Active（红色）报警。向左滑动要确认的报警条目，右侧应打开一个确认按钮（图 5-29），单击此按钮确认报警。操作成功后，报警概览底部将显示一条确认成功消息。

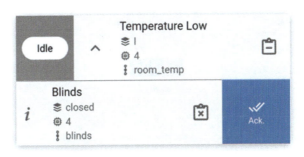

图 5-29 带通知按钮的报警预览

3）过滤报警。AppHub 支持在报警概述中过滤报警。要启用或禁用过滤器，应单击右下角的按钮，打开过滤器菜单。目前，AppHub 提供了如下三种不同的过滤器。

①仅启用报警：过滤未启用的报警（关闭）。

②仅活动报警：过滤未启用或未活动的报警。

③所有事情报警：显示应用程序连接的 IoTHub 上所有的报警。默认情况下，只显示来自应用程序使用对象的报警。

4）报警记录。目前，AppHub 尚不支持报警历史记录的查询及显示。此功能将在后续版本中开放。

5.3　工业 App 开发示例

本节将利用 AppDesigner 开发软件构建一个工业 App，然后将其部署到移动设备上，并进一步通过 AppHub 添加并管理该工业 App，最后通过 IoTHub 平台的配置完成工业数据的读写操作。

5.3.1　创建工业 App

这里使用 AppDesigner 创建第一个工业 App。

（1）登录　通过单击 IoTHub 导航栏中的 AppDesigner 图标打开 App 创建界面（图 5-30），使用 IoTHub 工业互联网平台用户权限登录 AppDesigner，并使用同样的用户名和密码登录 AppHub。

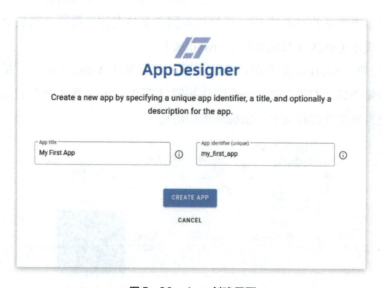

图 5-30　App 创建界面

（2）创建工业 App　登录后将进入 AppDesigner 的欢迎界面。单击"创建新应用"按钮，输入标题和唯一的应用程序标识符（应用程序标识符在应用程序创建后不能更改）。按图 5-30 所示填写以下两个字段：

1) App title：My First App；

2) App identifier（unique）：my_first_app。

然后单击创建应用程序。

（3）App 编辑器　这里要创建的应用程序将包含一个带有欢迎信息的文本组件和用户最喜爱的图像。下面简要介绍如何添加和配置这两个组件。

1) 添加文本组件。在图 5-31 所示的 App 编辑器中，单击添加组件面板❸中的文本按钮❻，将文本组件添加到组件树，该组件将被自动选中，其属性显示在组件编辑器❹中。

图 5-31　App 编辑器

首先修改组件编辑器底部的 Text 属性，输入欢迎消息"Welcome to my first AppDesigner App！"。

此时会发现文本组件的尺寸太小，单击"宽度"属性旁边的"全宽度"开关进行调整，将文本适配到屏幕的宽度。还可以使用组件编辑器更改对齐方式，使文本加粗、斜体、加粗或加下划线，可充分发挥创意！

2) 添加图片组件。在组件树中选择主布局❷，再单击"+"图标❼，打开添加组件面板。然后，单击图像按钮❽，将组件添加到树中。同样，新的组件被自动选中，可以在组件编辑器❹中进一步编辑。

将图像的宽度和高度属性更改为"200"。当试图在下面的图像列表中选择一个值时，会发现列表为空。此时,需要先使用媒体管理器添加一个图像。单击 AppDesigner 左侧侧栏中的"Media Manager"❾添加图像,在新打开的窗口中单击"添加媒体文件",从本地计算机中选择一个图像,并为其命名一个标题,例如"My favorite image!"。

然后,单击"添加媒体文件"按钮,并在上载图像后立即单击右上角的"×"关闭媒体管理器。图像上传完成后,用户可以在组件编辑器中选择它作为图像属性,并在应用程序预览❺中看到它。

3)调整组件位置。此时,上述两个组件显示在工业 App 的顶部,下面对其进行排布。单击调试线图标❿,启用调试线。为了定位新的组件,需要在组件编辑器❹中配置主布局❷。一般来说,较重要的两个属性是垂直对齐⓫和水平对齐⓬。垂直对齐告诉主布局将其子节点垂直放置在哪里,水平对齐告诉主布局如何水平定位组件。常见的选择值是"居中"。

目前,第一个应用程序已经创建完成。若要不丢失任何数据,应单击 AppDesigner 左侧侧栏中的"保存应用程序"⓭图标(或按〈Ctrl + S〉组合键)。然后,通过单击侧栏中的"Add to AppHub"(添加到 AppHub)⓮显示应用程序的二维码。

5.3.2 安装部署环境 AppHub

在安卓设备上安装 AppHub 支持以下两种方式。

1)应用商店:登录 Google Play 应用商店(图 5 - 32),搜索并安装 AppHub。

图 5-32 Google Play 应用商店

2)APK:如果无法访问 Google Play 应用商店,可以在本书附带的配套资源中下载 AppHub.apk 文件进行安装。

3)IOS:登录 Apple App Store(图 5 - 33),搜索并安装 AppHub。

图 5-33 Apple App Store

5.3.3 添加 App 到 AppHub

目前已经创建了第一个工业 App,并在设备上安装了 AppHub。接下来需要将已创建的应用程序添加到 AppHub。

1) 展示二维码。单击"保存应用程序"按钮或按〈Ctrl + S〉组合键,将工业 App 保存。然后,在 AppDesigner 中单击"Add to AppHub",显示应用的二维码。

2) 扫描二维码。打开 AppHub,单击 AppHub 概览屏幕右下角的扫描二维码按钮,添加应用程序后将看到一个登录屏幕,使用授权的 IoTHub/AppDesigner 用户名及密码登录,进行授权。

授权成功后,应用程序将出现在 AppHub 的应用概览中。单击相应图标即可启动该应用程序。至此,第一个工业 App 创建并部署完毕。

5.3.4 工业数据的读写

新创建的应用程序非常基础,不会输出任何物联网设备的实时数据。这里将创建并扩展已创建的工业 App,从 IoTHub 读取和写入数据。

1. 创建设备并添加属性到 IoTHub 中

要读取或写入数据,首先需要在 IoTHub 的设备管理界面(图 5 – 34)添加一个对象和一个属性,有关设备、属性及其管理的详细信息可参阅 IoTHub 用户手册。

(1) 创建设备

1) 使用 AppDesigner 右上角菜单中的"Open IoTHub"选项在 IoTHub 前端导航到 Things 页❶,然后单击导航栏中的"+"图标❷添加新内容。

2) 在打开的对话框中选择"virtual Thing"作为 Thing 类型,然后单击"下一步"按钮。

3) 在下一步中输入标题,如"My First Thing",然后单击"下一步"按钮。

4) 检查对象的名称和类型,然后单击"安装"按钮。

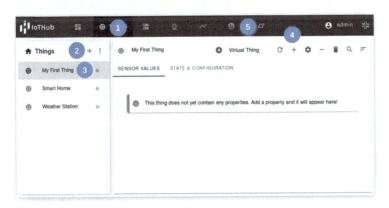

图 5-34 IoTHub 的设备管理界面

(2) 创建属性

1) 选择刚刚创建的设备❸。

2) 单击右上角的"+"图标❹添加新属性。

3）在打开的对话框中，输入 room \ u temp 作为名称，并选择 float64 作为类型。

4）单击"确认"按钮，将属性添加到对象。

至此第一个属性创建完毕。

2. 使用应用程序读写属性

创建了第一个属性后，可以使用工业 App 对其进行读写。通过单击导航栏⑤中的 AppDesigner 条目再次打开 AppDesigner。在 AppDesigner 的欢迎界面中，加载 5.3.1 小节中创建的应用程序。

（1）可视化属性　如图 5-35 所示，首先使用一个输出组件（在本例中是属性值文本）来可视化当前温度。在组件树中选择主布局①，单击添加组件按钮②，然后选择属性值文本以添加组件。

在属性值文本的组件编辑器中进行下述操作。

1）将字体大小设置为非常大③。

2）将文本对齐方式设置为居中④。

3）使字体加粗⑤。

4）启用全宽开关⑥。

5）将占位符文本⑦设置为 -℃（这是没有可用值时显示的文本）。

6）在"对象选择"⑧中选择之前创建的对象。

7）在属性选择⑨中选择之前创建的属性（room_temp）。

8）将属性⑩的单位设置为℃级。

图 5-35　AppDesigner 中的 App 预览

此时，将此组件添加到 AppHub 时，它始终显示当前的室温。

（2）写入一个值到属性内　除了可视化属性外，还可以使用属性值输入组件向其写入值。在组件树中选择主布局❶并单击添加组件按钮❷，然后选择属性值输入来添加组件，再单击属性值输入将新组件添加到组件树中。

在属性值输入组件编辑器中进行下述操作。

1）将宽度设置为"240"。

2）输入设置温度作为提示。

3）在"对象选择"中选择之前创建的对象。

4）在"属性选择"中选择之前创建的属性（房间温度）。

3. 在 AppHub 中更新应用程序

目前已经向应用程序添加了新的组件，现在可以单击侧边栏中的保存图标保存应用程序。然后，打开智能手机上的 AppHub，进入应用程序概览。打开应用程序选项卡上的"："图标，然后单击刷新。

4. 使用 App

成功更新后打开应用程序，此时会显示新的用户界面。最初，不显示任何值，UI 显示"﹣℃"。要更改此设置，可在底部的输入字段中输入一个值，然后单击旁边的"发送"按钮，新值被写入 IoTHub（可以再次访问 IoTHub Things 界面并进行检查）。此时，新值会显示在用户的应用程序中，而不是"﹣℃"。

5.3.5　工业 App 实例

1. 基本功能

本实例是一个简化的水电站监控报警应用，该站有如下两个传感器和一个执行器。

1）测量水位的传感器。

2）测量当前产生的功率的传感器。

3）通过执行器允许打开或关闭水坝。

2. 设备和属性

虚拟设备是工业互联网平台中的一个重要概念，每一个虚拟设备对应于工业互联网平台管理的某个真实的物联网设备终端，例如花园里的温湿度传感器、工厂里的生产设备或行驶中的汽车。就本实例而言，就是水电站。每种设备都有不同的数据类型属性。属性是描述其当前状态的对象的数据采集点。本实例中的水力发电站有如下三个采集点。

1）当前水位（64 位浮点数）。

2）当前产生的功率（64 位浮点数）。

3）大坝的锁定状态（布尔值）。

所有属性都与传感器或执行器有关，但也可以包含其他属性，如时间戳或计算值。

3. 报警

在本实例中，可以在水位过低时添加报警，提醒工人及时关闭大坝的船闸。

报警可以有不同的状态，例如，它们可以是非活动（水位足够高）或活动（水位过低）状态。如果报警处于活动状态或曾经处于活动状态，则可以对其进行确认，表明有人看到了报警。

4. 水电站工业 App

AppDesigner 允许创建工业 App 来监视连接到 IoTHub 的设备和属性。那么，这个水电站的工业 App 会是什么样子呢？

该工业 App 如图 5-36 所示，这个应用程序允许监控所有属性的当前值以及控制执行器。其屏幕左上角显示当前水位，下侧信息栏中描述了大坝当前的开闭状态，目前生产的电力以及当前的水位均在界面中实时显示。在屏幕底部，用户可以控制执行器打开或关闭大坝。

图 5-36　水力发电中的监控 App

第 6 章　工业互联网安全

安全是工业互联网发展的前提和保障，只有构建覆盖工业互联网各防护对象和全产业链的安全体系，完善满足工业需求的安全技术能力和相应管理机制，才能有效识别和抵御安全威胁，化解安全风险，进而确保工业互联网健康有序发展。通过本章的学习，读者可以了解工业互联网面临的安全挑战、工业互联网安全框架和工业互联网安全防护措施，还能通过实例体会工业互联网安全解决方案。

6.1　工业互联网面临的安全挑战

6.1.1　总体挑战

工业互联网产业联盟于 2018 年发布《工业互联网安全框架》，对工业互联网面临的安全挑战进行了总体分析，认为与传统的工控系统安全和互联网安全相比，工业互联网的安全挑战更为艰巨。

一方面，工业互联网安全打破了以往相对明晰的责任边界，其范围、复杂度和风险度产生的影响要大得多，其中工业互联网平台安全、数据安全及联网智能设备安全等问题越发突出。比如，在互联网领域，终端和服务器在物理和逻辑上都相对独立，设备种类少，安全防护设施部署目标相对明确。在工业互联网领域，终端设备种类众多，数据接口和格式各不相同，部署位置也不确定，甚至使用和维护人员都不确定，安全防护设施的部署和管理也相对困难很多。

另一方面，工业互联网安全工作需要从制度建设、国家能力和产业支持等更全局的视野来统筹安排。目前很多企业还没有意识到安全部署的必要性与紧迫性，安全管理与风险防范控制工作亟须加强。如果说消费互联网覆盖和渗透了人们的日常生活，那么工业互联网最终将覆盖全部生产和服务领域，包括全球供应链和全产业链。如果说消费互联网主要涉及个人财产和私密信息，其安全主要由互联网平台运营商和用户本人来保证，那么工业互联网的安全则涉及企业生产安全和国家工业安全。因此，必须在更高层面上以更宽的视野来考虑其安全问题。

总体来说，工业互联网安全需要统筹考虑信息安全、功能安全与物理安全。功能安全即保证设备设施能可靠地运行，物理安全即保证使用安全，这两者是传统的生产安全范畴，即使没有工业互联网也是一直被强调的。企业实施工业互联网之后，信息安全上升为主要矛盾。既要解决工业互联网面临的网络攻击等新型风险，同时还要考虑部署信息安全防护设施有可能对功能安全和物理安全带来的影响。

6.1.2 具体挑战

在工业互联网产业联盟发布的《工业互联网典型安全解决方案案例汇编（2022）》中，具体从七个方面罗列了工业互联网面临的安全挑战。

（1）万物互联的信任体系问题　过去，大部分生产设备和材料是不需要联网的，但使用工业互联网的前提是人、机、物要联网，那么，如何保证这些工业要素的接入安全？如何能信任这些设施设备？此外，工业互联网实现跨企业、跨区域、跨行业甚至跨国连接时，企业之间如何互相信任？

（2）新技术融合带来新风险　工业互联网技术与5G、边缘计算以及人工智能等新技术不断融合，越来越多的第三方服务企业介入制造行业，增加了信息泄露和数据窃取的风险。比如，5G协议的全面互联网化，被外部攻击的可能性显著增加；边缘计算虽然减少了敏感数据上网泄露的风险，但本地安全防护能力不如云平台，从而给原有的集中式内容监管模式带来了挑战。

（3）工业数据泄露风险加剧　5G边缘计算中心通过API接口开放给第三方应用，让工业互联网数据在不同应用间共享，这大大增加了数据传输和存储的安全风险。由于数据打通导致风险加剧、数据庞杂导致难度加大，而工业数据安全关系着国家安全。工业互联网协同制造倡导的个性化定制、服务化转型都涉及大量用户隐私，用户隐私极易被泄露。关键工业数据是国家关键数据资源，一旦被窃取将直接威胁国家安全。

（4）暴露面持续增大　工业互联网打破了传统网络安全界限。随着5G+工业互联网、工业上云等工作的推进，工业企业IT和OT不断融合，企业内部的工业网络、管理网络与互联网逐步打通，网络日益开放，大量工业互联网设备暴露在互联网上且不断增多，导致大量网络安全威胁从外网向工业内网延伸渗透。暴露在互联网上的工业互联网设备可能会长期遭受恶意嗅探。

（5）漏洞病毒依旧突出　由于工业互联网设备软件更新缓慢，用户及厂商通常无法及时发现或修复漏洞，导致设备漏洞较多。同时，设备漏洞易被攻击者利用来构建完整的攻击通道，并获取更高权限，甚至制造病毒长期危害工业互联网安全。近几年，全球水电、核电和制造等重要行业的企业遭受病毒攻击和感染的事件众多,造成了大范围停电、生产线停摆等重大影响。2020 年上半年,我国联网工控设备累计发现 946 个漏洞隐患,中高危漏洞占比高达 91%。

(6) APT 攻击(定向威胁攻击)危害大　APT 针对性强、破坏性大,严重威胁工业活动。工业互联网直接关系到生产和经济活动,成了 APT 攻击的重点目标。

(7) 重点行业监控和管理系统存高危隐患　大多数传统工业控制系统和设备更关注系统的实时性与业务的连续性,而网络安全防护能力不足。重点行业(如能源、金融、物流和智能制造等)大型工业云平台和系统持续遭受漏洞利用、拒绝服务以及暴力破解等网络攻击。水电行业和医疗健康行业暴露在互联网上的系统中,存在高危漏洞隐患的占比分别为 25% 和 72%,部分遭受境外恶意嗅探。

6.1.3　应对思路

如何应对工业互联网安全挑战,保障工业互联网安全呢?目前,国内外都从如下两个方面着手。

1) 建立工业互联网安全框架。安全框架是指导工业互联网相关企业开展安全防护体系建设,提升安全防护能力的规范和方法,主要包括防护对象、防护措施和防护管理三方面内容。

2) 实施工业互联网安全防护措施。即按照安全框架的定义和要求,针对设备、控制、网络、应用和数据五类防护对象,采取行之有效的防护措施,实现保密性、完整性、可用性、可靠性、弹性和隐私六个方面的目标。

6.2　工业互联网安全框架

这里基于工业互联网产业联盟 2018 年发布的《工业互联网安全框架》,对我国工业互联网安全框架和安全防护措施的实施进行讲解。

6.2.1　安全框架的构成

我国的工业互联网安全框架(图 6-1)由防护对象视角、防护措施视角和防护管理视角构成。

其中,防护对象视角涵盖设备、控制、应用、网络和数据五大安全重点。防护措施视角包括威胁防护、监测感知和处置恢复三大环节,威胁防护环节针对五大防护对象部署主动和被动安全防护措施,监测感知和处置恢复环节通过信息共享、监测预警以及应急响应等一系列安全措施和机制部署增强动态安全防护能力。防护管理视角根据工业互联网安全目标对其面临的安全风险进行安全评估，并选择适当的安全策略作为指导，实现防护措施的有效部署。

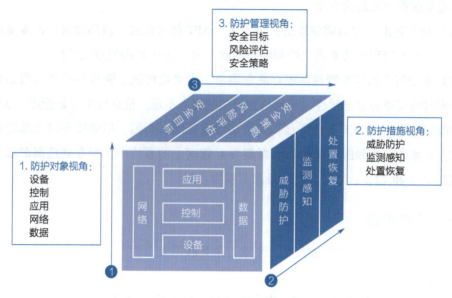

图 6-1　工业互联网安全框架

工业互联网安全框架的三个防护视角之间相对独立，但彼此之间又相互关联。从防护对象视角来看，安全框架中的每个防护对象，都需要采用一组合理的防护措施并配备完备的防护管理流程对其进行安全防护；从防护措施视角来看，每一类防护措施都有其适用的防护对象，并在具体防护管理流程指导下发挥作用；从防护管理视角来看，防护管理流程的实现离不开对防护对象的界定，并需要各类防护措施的有机结合，使其能够顺利运转。工业互联网安全框架的三个防护视角相辅相成、互为补充，形成一个完整、动态、持续的防护体系。

6.2.2　防护对象视角

防护对象视角如图 6-2 所示，具体包括如下内容。

1) 设备安全：包括工厂内智能器件、智能设备和智能产品的安全，具体涉及软件安全与硬件安全两方面。

2) 控制安全：包括控制协议安全、控制软件安全以及控制功能安全。

3) 网络安全：包括工厂内部网络、外部网络及标识解析系统等的安全。

4) 应用安全：包括工业互联网平台安全和工业 App 安全。

5) 数据安全：包括涉及采集、传输、存储和处理等各个环节的数据以及用户信息的安全。

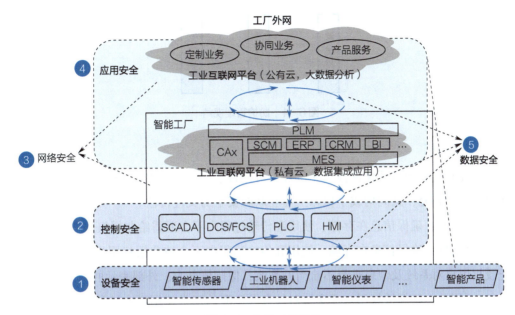

图 6-2 防护对象视角

6.2.3 防护措施视角

防护措施视角主要包括威胁防护、监测感知和处置恢复三大环节（图 6-3）。

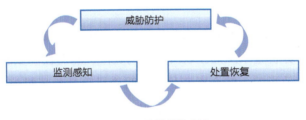

图 6-3 防护措施视角

1）威胁防护：针对五大防护对象，部署主被动防护措施，阻止外部入侵，构建安全运行环境，消减潜在安全风险。

2）监测感知：部署相应的监测措施，实时感知内部和外部的安全风险。

3）处置恢复：建立响应恢复机制，及时应对安全威胁，并及时优化防护措施，形成闭环防御。

6.2.4 防护管理视角

防护管理视角的设立旨在用于指导企业构建安全防护管理方针，评估安全风险，制订安全防护策略，提升安全防护能力。防护管理视角的内容如图 6-4 所示。

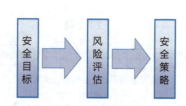

图6-4 防护管理视角

1. 安全目标

工业互联网安全包括保密性、完整性、可用性、可靠性、弹性和隐私安全六大目标，这些目标相互补充，共同构成了保障工业互联网安全的关键特性。

1）保密性：确保信息在存储、使用和传输过程中不会泄露给非授权用户或实体。

2）完整性：确保信息在存储、使用和传输过程中不会被非授权用户篡改，同时还要防止授权用户对系统及信息进行不恰当的篡改，保持信息内、外部表示的一致性。

3）可用性：确保授权用户或实体对信息及资源的正常使用不会被异常拒绝，允许其可靠而及时地访问信息及资源。

4）可靠性：确保工业互联网系统在正常运行条件下能够正确执行指定功能。

5）弹性：确保工业互联网系统在受到攻击或破坏后能恢复正常功能。

6）隐私安全：确保工业互联网系统内用户的隐私安全。

2. 风险评估

为管控风险，必须定期对工业互联网系统的各安全要素进行风险评估。对应工业互联网整体安全目标，分析整个工业互联网系统的资产、脆弱性和威胁，评估安全隐患导致安全事件的可能性及影响，结合资产价值，明确风险的处置措施，包括预防、转移、接受、补偿和分散等，确保在工业互联网数据私密性、数据传输安全性、设备接入安全性、平台访问控制安全性以及平台攻击防范安全性等方面提供可信服务，并最终形成风险评估报告。

3. 安全策略

工业互联网安全防护的总体策略是要构建一个能覆盖安全业务全生命周期的，以安全事件为核心，实现对安全事件的"预警、检测、响应"的动态防御体系；能够在攻击发生前进行有效的预警和防护，在攻击中进行有效的攻击检测；在攻击后能快速定位故障，进行有效响应，避免实质损失的发生。安全策略中描述了工业互联网总体的安全考虑，并定义了保证工业互联网日常正常运行的指导方针及安全模型。通过结合安全目标以及风险评估结果，明确当前工业互联网各方面的安全策略，包括对设备、控制、网络、应用、数据等防护对象应采取的防护措施，以及监测响应、处置恢复措施等。同时，为打造持续安全的工业互联网，面对不断出现的新的威胁，需不断完善安全策略。

6.3 工业互联网安全防护措施

本节针对工业互联网安全的五大防护对象面临的安全威胁,分别介绍其可采取的安全防护措施。

6.3.1 设备安全

工业互联网的发展使现场设备由机械化向高度智能化转变,并产生了嵌入式操作系统+微处理器+应用软件的新模式,这就使未来海量智能设备可能会直接暴露在网络攻击之下,面临攻击范围扩大、扩散速度增加以及漏洞影响扩大等威胁。工业互联网设备安全指工厂内单点智能器件以及成套智能终端等智能设备的安全,具体应分别从操作系统/应用软件安全与硬件安全两方面出发部署安全防护措施,可采用的安全机制包括固件安全增强、恶意软件防护、设备身份鉴别与访问控制、漏洞修复等。

1. 操作系统/应用软件安全

1)固件安全增强。工业互联网设备供应商需要采取措施对设备固件进行安全增强,阻止恶意代码的传播与运行。工业互联网设备供应商可从操作系统内核、协议栈等方面进行安全增强,并力争实现对于设备固件的自主可控。

2)漏洞修复加固。设备操作系统与应用软件中出现的漏洞对于设备来说是最直接也是最致命的威胁。设备供应商应对工业现场中常见的设备与装置进行漏洞扫描与挖掘,发现操作系统与应用软件中存在的安全漏洞,并及时对其进行修复。

3)补丁升级管理。工业互联网企业应密切关注重大工业互联网现场设备的安全漏洞及补丁发布,及时采取补丁升级措施,并在安装补丁前对补丁进行严格的安全评估和测试验证。

2. 硬件安全

1)硬件安全增强。对于接入工业互联网的现场设备,支持基于硬件特征的唯一标识符,为包括工业互联网平台在内的上层应用提供基于硬件标识的身份鉴别能力。此外,应支持将硬件级部件(安全芯片或安全固件)作为系统信任根,为现场设备的安全启动以及数据传输机密性和完整性保护提供支持。

2)运维管控。工业互联网企业应在工业现场网络重要控制系统(如机组主控DCS系统)的工程师站、操作员站和历史站部署运维管控系统,实现对外部存储器(如U盘)、键盘和鼠标等使用USB接口设备的识别,对外部存储器的使用进行严格控制。同时应注意,部署的运维管控系统不能影响生产控制大区各系统的正常运行。

6.3.2 控制安全

工业互联网使生产控制由分层、封闭、局部逐步向扁平、开放、全局方向发展。其中,在控制环境方面表现为信息技术与操作技术的融合,控制网络由封闭走向开放;在控制布局方面表现为控制范围从局部扩展至全局,并伴随着控制监测上移与实时控制下移。上述变化改变了传统生产控制过程封闭、可信的特点,造成安全事件危害范围扩大、危害程度加深、信息安全与功能安全问题交织等后果。对于工业互联网控制安全防护,主要从控制协议安全、控制软件安全和控制功能安全三个方面考虑,可采用的安全机制包括协议安全加固、软件安全加固、恶意软件防护、补丁升级、漏洞修复和安全监测审计等。

1. 控制协议安全

1)身份认证。为了确保控制系统执行的控制命令来自合法用户,必须对使用系统的用户进行身份认证,未经认证的用户所发出的控制命令不被执行。在控制协议通信过程中,一定要加入认证方面的约束,避免攻击者通过截获报文获取合法地址建立会话,影响控制过程安全。

2)访问控制。不同的操作类型需要不同权限的认证用户来操作,如果没有基于角色的访问机制,没有对用户权限进行划分,会导致任意用户可以执行任意功能。

3)传输加密。在控制协议设计时,应根据具体情况,采用适当的加密措施,保证通信双方的信息不被第三方非法获取。

4)健壮性测试。控制协议在应用到工业现场之前应通过健壮性测试工具的测试,测试内容可包括风暴测试、饱和测试、语法测试和模糊测试等。

2. 控制软件安全

1)软件防篡改。工业互联网中的控制软件可归纳为数据采集软件、组态软件、过程监督与控制软件、单元监控软件、过程仿真软件、过程优化软件、专家系统和人工智能软件等类型。软件防篡改是保障控制软件安全的重要环节,具体措施包括以下几种:①控制软件在投入使用前应进行代码测试,以检查软件中的公共缺陷;②采用完整性校验措施对控制软件进行校验,及时发现软件中存在的篡改情况;③对控制软件中的部分代码进行加密;④做好控制软件和组态程序的备份工作。

2)认证授权。控制软件的应用要根据使用对象的不同设置不同的权限,以最小的权限完成各自的任务。

3)恶意软件防护。对于控制软件应采取恶意代码检测、预防和恢复的控制措施。

4)补丁升级更新。控制软件的变更和升级需要在测试系统中经过仔细测试,并制订详细的回退计划。重要补丁需尽快测试和部署，服务包和一般补丁仅对必要部分进行测试和部署。

5）漏洞修复加固。及时对控制软件中出现的漏洞进行修复或提供其他替代解决方案，如关闭可能被利用的端口等。

6）协议过滤。采用工业防火墙对协议进行深度过滤，对控制软件与设备间的通信内容进行实时跟踪。

7）安全监测审计。通过对工业互联网中的控制软件进行安全监测审计，可及时发现网络安全事件，避免发生安全事故，并可以为安全事故的调查提供翔实的数据支持。

3. 控制功能安全

要考虑功能安全和信息安全的协调能力，使信息安全不影响功能安全，功能安全在信息安全的防护下更好地执行安全功能。现阶段保障功能安全的具体措施如下：

1）确定可能的危险源、危险状况和伤害事件，获取已确定危险的信息（如持续时间、强度、毒性、暴露限度、机械力、爆炸条件、反应性、易燃性、脆弱性和信息丢失等）。

2）确定控制软件与其他设备或软件以及与其他智能化系统之间相互作用所产生的危险状况和伤害事件，确定引发事故的事件类型（如元器件失效、程序故障、人为错误，以及能导致危险事件发生的相关失效机制）。

3）结合典型生产工艺、加工制造过程和质量管控等方面的特征，分析安全影响因素。

4）考虑自动化、一体化、信息化可能导致的安全失控状态，确定需要采用的监测、预警或报警机制、故障诊断与恢复机制、数据收集与记录机制等。

5）明确操作人员在对智能化系统执行操作过程中可能产生的合理可预见的误用以及智能化系统对于人员恶意攻击操作的防护能力。

6）智能化装备和智能化系统对于外界实物、电、磁场、辐射、火灾、地震等的抵抗或切断能力，以及在发生异常扰动或中断时的检测和处理能力。

6.3.3 网络安全

工业互联网的发展使工厂内部网络呈现出 IP 化、无线化、组网方式灵活化与全局化的特点，工厂外网呈现出信息网络与控制网络逐渐融合、企业专网与互联网逐渐融合以及产品服务日益互联网化的特点。这就造成传统互联网中的网络安全问题开始向工业互联网蔓延。工业互联网网络安全防护应面向工厂内部网络、外部网络及标识解析系统等方面，具体包括网络结构优化、边界安全防护、网络接入认证、通信内容防护、通信设备防护及安全监测审计等防护措施。

1)网络结构优化。一方面通过在关键网络节点和标识解析节点采用双机热备份和负载均衡等技术,应对业务高峰时期突发的大数据流量和意外故障引发的业务连续性问题,确保网络长期稳定可靠运行。另一方面通过合理的网络结构和设置提高网络的灵活性和可扩展性,为后续网络扩容做好准备。

2)边界安全防护。根据网络设备和业务系统的重要程度将整个网络划分成不同的安全域,形成纵深防御体系。安全域是一个逻辑区域,同一安全域中的设备资产具有相同或相近的安全属性,如安全级别、安全威胁和安全脆弱性等,同一安全域内的系统相互信任。在安全域之间采用网络边界控制设备,以逻辑串接的方式进行部署,对安全域边界进行监视,识别边界上的入侵行为并进行有效阻断。

3)网络接入认证。接入网络的设备与标识解析节点应该具有唯一性标识,网络应对接入的设备与标识解析节点进行身份认证,保证合法接入和合法连接,对非法设备与标识解析节点的接入行为进行阻断与告警,形成网络可信接入机制。

4)通信内容保护。采用相关技术手段来保证通信过程中的机密性、完整性和有效性,防止数据在网络传输过程中被窃取或篡改,并保证合法用户对信息和资源的有效使用,包括数据加密、数据校验等。

5)通信设备防护。通信设备与标识解析节点需要采取一系列安全防护措施,主要包括身份鉴别、源地址限制、失败处理和安全登录等。

6)安全监测审计。安全监测指通过漏洞扫描工具等方式探测网络设备与标识解析节点的漏洞情况,并及时提供预警信息。安全审计指通过镜像或代理等方式分析网络与标识解析系统中的流量,并记录系统活动、用户活动等各类操作行为以及设备运行信息,发现系统中现有的和潜在的安全威胁,实时分析网络与标识解析系统中发生的安全事件并告警,同时记录内部人员的错误操作和越权操作,并及时告警。

6.3.4 应用安全

工业互联网应用主要包括工业互联网平台与工业 App 两大类。目前工业互联网平台面临的安全风险主要包括数据泄露、篡改、丢失、权限控制异常、系统漏洞利用、账户劫持和设备接入安全等。对工业 App 而言,最大的风险来自安全漏洞,包括开发过程中编码不符合安全规范而导致的软件本身的漏洞以及由于使用不安全的第三方库而引起的漏洞等。

对于工业互联网平台,可采取的安全措施包括安全审计、认证授权和 DDOS(分布式阻断服务)攻击防护等。对于工业 App,需要采用全生命周期的安全防护,在应用程序的开发过程中进行代码审计并对开发人员进行培训,以减少漏洞的引入;对运行中的应用程序定期进行漏洞排查,对应用程序的内部流程进行审核和测试,并对公开漏洞和后门加以修补；对应用程序的行为进行实时监测，以发现可疑行为并进行异常阻止，从而降低未公开漏洞产生的危害。

6.3.5 数据安全

工业互联网相关的数据按照其属性或特征，可以分为四大类：设备数据、业务系统数据、知识库数据和用户个人数据。根据数据敏感程度的不同，可将工业互联网数据分为一般数据、重要数据和敏感数据三种。工业互联网数据涉及数据采集、传输、存储和处理等环节。工业互联网数据的安全风险主要包括数据泄露、非授权分析和用户个人信息泄露等，可采取明示用途、数据加密、访问控制、业务隔离、接入认证和数据脱敏等多种防护措施，并覆盖包括数据收集、数据传输、数据存储和数据处理等在内的全生命周期的各个环节。

1. 数据收集

工业互联网平台应遵循合法、正当、必要的原则收集与使用数据及用户信息，公开数据收集和使用的规则，向用户明示收集使用数据的目的、方式和范围，经过用户的明确授权同意并签署相关协议后才能收集相关数据。

2. 数据传输

为防止数据在传输过程中被窃听而泄露，工业互联网服务提供商应根据不同的数据类型以及业务部署情况，采用有效手段确保数据传输安全。例如，通过 SSL 保证网络传输数据信息的机密性、完整性与可用性。

3. 数据存储

1）访问控制。数据访问控制需要保证不同安全域之间的数据不可直接访问，避免存储节点的非授权接入，同时避免对虚拟化环境数据的非授权访问。

2）存储加密。可根据数据敏感度采用分等级的加密存储措施（如不加密、部分加密和完全加密等）。针对数据在工业互联网平台之外加密之后再传输到工业互联网平台中存储的场景，应确保工业互联网平台运营商或任何第三方无法对用户的数据进行解密。

3）备份和恢复。用户数据作为用户托管在工业互联网服务提供商的数据资产，服务提供商有妥善保管的义务，应当采取技术措施和其他必要措施，防止信息泄露、毁损或丢失。

4. 数据处理

1）使用授权。数据处理过程中，要严格按照法律法规以及在与用户约定的范围内处理相关数据，不得擅自扩大数据使用范围，使用中要采取必要的措施防止用户数据泄露。

2)数据销毁。在资源重新分配给新的用户之前,必须对存储空间中的数据进行彻底擦除,防止被非法恶意恢复。

3)数据脱敏。当需要从工业互联网平台输出信息或与第三方应用共享信息时,应当先对这些数据进行脱敏处理,即删除敏感信息。

6.4 工业互联网安全防护解决方案实例

6.4.1 工业互联网平台安全综合防护系统

工业互联网安全防护首先要考虑平台本身安全,再考虑与平台相关联的外部对象的安全。这里简要介绍宜科 IoTHub 工业互联网平台安全综合防护系统。

1. 设计思路

1)针对边缘层、工业 IaaS 层(云基础设施)、工业 PaaS 层和应用层分别部署安全防护措施,构建边界安全防护、云基础设施安全防护、容器和 PaaS 层安全防护以及业务和应用安全防护的分层防护体系。

2)构建宜科数据安全防护体系,覆盖包括数据收集、数据传输、数据存储和数据处理等在内的全生命周期的各个环节。

3)汇聚边界安全防护、云基础设施安全防护、容器和 PaaS 层安全防护、业务和应用安全防护、数据安全防护的安全信息至工业互联网平台态势感知系统,在一体化的安全防护基础上,构建安全感知体系。同时,与国家工业互联网安全态势感知与风险预警等平台对接,实现企业-国家安全态势的政企联动。

2. 系统构成

宜科 IoTHub 安全综合防护系统(图 6-5)由如下六部分组成:

1)边界安全防护:针对传输保护、访问控制和入侵防范等需求部署安全措施,主要体现在网络结构优化、工控设备接入安全、物联网设备接入安全以及安全审计等方面。

2)云基础设施安全防护:围绕云主机安全、虚拟机安全、网络安全、存储安全和安全审计等方面构建安全防御。

3)容器安全和 PaaS 层安全防护:围绕容器安全、微服务组件安全、工业应用开发环境安全、接口安全和平台访问控制等方面构建安全防御。

4)业务和应用安全防护:围绕原生工业应用及 Web 工业应用的接入安全、会话安全、隐私保护、应用漏洞扫描/病毒检测/应用安全加固、数据保护以及安全审计等方面构建安全防御。

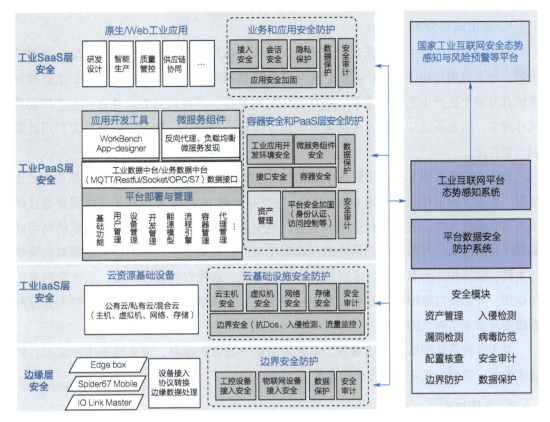

图6-5 宜科 IoTHub 安全综合防护系统

5)平台数据安全防护：采用数据分类分级、数据加密、数据防泄漏、数据防篡改、数据脱敏和数据备份恢复等多种防护措施构建平台数据安全防护体系，覆盖包括数据收集、数据传输、数据存储和数据处理等在内的全生命周期的各个环节。

6)安全态势感知：通过与安全态势感知系统对接，实时采集边界安全防护、云基础设施安全防护、容器安全和 PaaS 层安全防护、业务和应用安全防护以及平台数据安全防护的安全信息；通过大数据分析技术，主动发现来自系统内外部的安全风险，形成全天候、全方位的平台安全态势感知能力。同时，与国家工业互联网安全态势感知与风险预警等平台对接，对安全威胁信息及时告警。

6.4.2 钢铁行业工业互联网安全防护解决方案

北京六方云信息技术有限公司是中国工业互联网安全的领军企业，拥有支撑工业互联网安全的完整产品线，包括工控安全、网络安全、云安全、安全态势感知和人工智能安全等，在能源电力、石油石化、水利、冶金、轨道交通、军工和智能制造等多个行业拥有完整解决方案和优秀案例。这里简要介绍该公司为钢铁行业提供的工业互联网安全防护解决方案。

1. 安全威胁分析

钢铁企业的主要生产工艺流程有焦化、炼铁、炼焦制气、炼钢、轧钢、冷轧薄和动力等,每个流程均构成"PLC + 工业 PC + 工业通信网络"的自动化控制系统。工业控制系统具有多个生产工艺流程混合、控制网络组网复杂、多种通信方式并存、生产控制系统品牌多、新老系统并存以及多种高级应用分而自治等特点,导致可以被黑客利用的漏洞大量存在。

此外,随着工业互联网和钢铁行业信息化的推进以及 MES、EMS 和 APS 等系统的逐步推广应用,原本相互独立的 DCS、PLC、电仪系统和 SCADA 等控制子系统需要通过网络与信息系统连接。在钢铁行业统一管理、集中监控的大趋势下,工业控制系统网络的集成度越来越高,与其他信息网络的互联程度也随之提高。与此同时,未经隔离的网络与主机、误操作、恶意操作、未授权的接入与操作、未授权的程序安装、系统资源滥用与误用、外部接口滥用(USB 口及其他扩展接口)以及新型攻击(APT)也对工业控制系统安全带来了极大的威胁。

对于这种系统网络和应用场景,不能采用单一的防护策略,需要根据实际情况,构建多角度、多层次策略的综合防护体系。

2. 总体架构

本方案针对现有信息系统的安全管理中心、计算环境安全、区域边界安全和通信网络安全进行合规的总体框架设计,建立以计算环境安全为基础,以区域边界安全、通信网络安全为保障,以安全管理中心为核心的信息安全整体保障框架体系,并通过安全监测预警、安全主动防御、及时安全响应、有效安全恢复等技术手段,将信息系统构建成具备主动防御、多级防护、纵深防控、整体保护能力的安全、可靠的信息系统,系统拓扑架构如图 6-6 所示。

系统建设原则是:一个中心,三重防护。

在集团数据中心建设工控安全管理平台、工控安全态势感知平台和数据灾备中心,在各生产基地内部建设独立的工控安全管理平台和工控安全态势感知平台。基地平台将数据上传至集团工控安全管理平台和工控安全态势感知平台进行审计分析、数据综合分析与展示。数据灾备中心将各厂区重要业务系统的数据集中汇总收集,集中灾备,避免意外造成的数据丢失。

在各分厂搭建纵深三重防护体系,以安全服务的形式梳理通信网络,理清网络边界,在网络边界构建访问控制体系,阻断非正常的边界访问,搭建分支管理中心,对计算环境进行综合监管与安全审计,对终端设备进行安全运维,对终端系统进行白名单准入管控。

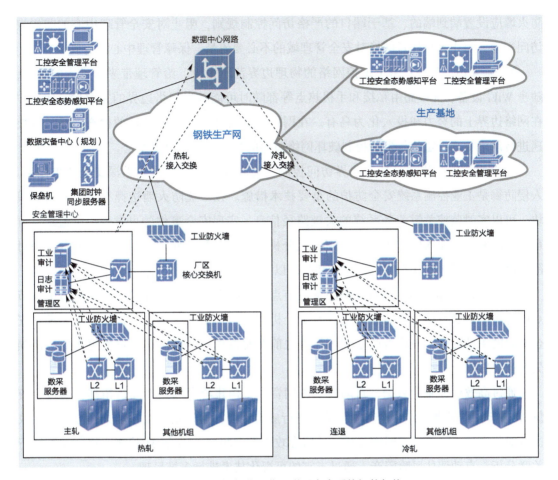

图6-6 钢铁行业工业互联网安全系统拓扑架构

3. 建设内容

(1) 安全域划分 企业生产网络通过三层交换机、防火墙或工业防火墙划分不同的区域和边界，包括：

1) 管理网与工控网边界：在管理网与工控网之间均采用工业网闸进行网络隔离，阻止不必要的流量进入工控网。仅定义必要的工控应用服务器与管理网的业务服务器允许通信，其他通信都被禁止。最大限度地阻止从管理网络向工控网络入侵行为的传播，同时保证必要的业务系统间的数据共享。

2) 各生产子网的边界：在网络之间采用工业防火墙进行隔离，阻止生产子网以外的数据包或恶意程序进入生产子网，限制子网内允许跨网通信的主机数量，除非必要，否则将禁止子网间的通信，同时防止一个子网感染病毒后向其他子网或上层安全域传播的可能。工业防火墙具有工控网络通信协议的深度内容检查功能，能够及时发现功能码错误或指令攻击行为，提供阻断或报警功能。

3) 安全管理中心边界：安全管理中心因为必须在网络上与被管理设备间路由可达，

防火墙应设置端到端的、基于端口的严格访问控制规则，阻止对安全管理中心的非授权访问行为，阻止来自任意网络对安全管理域的不必要流量，保障管理中心自身安全。

4）未知边界管理：由于工控网络的物理边界范围太大，给管理带来非常大的难度，随身 WiFi 设备、无线路由私接和手机热点等都随时可能破坏网络边界的完整性，使用户在网络边界上的努力和投入化为乌有。在网络核心处部署边界完整性的检查产品，可快速进行网络检测、定位与阻断控制破坏网络边界的行为，保护边界安全。

(2) 纵深安全防御　基于边界访问控制、边界入侵防御等构建纵深安全防御体系。入侵防御是工业控制系统安全防护的重要技术措施。在工业防火墙选择工业入侵防御模块，可以实时监控关键业务系统的关键路径信息，实现安全事件的可发现、可追踪、可审计和阻断。工业入侵防御系统采用协议分析、模式匹配和异常检测等技术，可实现对网络流量、数据包的动态监视、记录和管理以及对异常事件进行告警等。

(3) 网络安全预警　通过在网络关键节点处对数据流量做镜像采集，并交由中心节点的分析平台做数据分析的方式进行安全分析与威胁预警。运用人工智能技术实现对安全威胁的主动防御，在攻击产生破坏行为之前及时发现并响应，避免发生更大的经济损失与社会影响。

通过高效处理海量数据，自动发现内网资产，构建清晰的资产互访拓扑；通过全流量 AI 未知威胁检测，结合全球威胁情报进行威胁溯源；通过精准攻击场景还原，采用攻击链对每个攻击阶段进行回溯分析，并留存攻击取证报文；结合 AI 检测、规则检测进行关联分析，自动评估风险资产，通过丰富的可视化技术进行多维呈现。

4. 实施效果

本方案能够为用户解决生产控制系统管理难、运维难、资产看不清、资产之间访问关系和访问行为无法掌握等难题。

1）实现网络安全态势从未知到已知。通过建立生产控制系统信息安全监管与预警平台，摸清家底，感知网络中的资产信息，实现网络资产可视化。通过摸清家底，了解网络中存在哪些设备、对应的责任人是谁、使用什么操作系统、安装了哪些软件和应用，分别是什么组件、什么版本、分别存在哪些漏洞、已经修补了哪些补丁等，真正做到底数清、情况明确。

2）实现网络安全防御从被动到主动。通过建立钢铁行业生产控制系统监管预警平台，利用安全大数据、态势感知、攻击链模型和算法，结合最新的全球网络安全威胁情报，持续监测，准确、及时地发现各种潜在威胁和攻击，并进行通报预警，提前感知攻击者的下一步攻击计划，采取有效处置措施，构建弹性防御体系，以期最大限度避免、转移、降低信息系统所面临的风险。

3）实现从单一设备防护到协同联动。通过建立生产控制系统监管与预警平台，作为联动枢纽，实现网络中所有安全设备的数据汇总分析、数据共享及策略协同，打通终端、边界协同联动，有机整合各种网络安全技术，达到智能检测、智能上报和智能响应，建立一个以威胁情报为驱动，终端安全、边界安全、大数据分析等多层次、纵深智能协同的安全防御体系，有效提升整体网络防护能力。

4）实现网络安全纵深防御防护体系。通过工控系统安全防护要求，对生产控制系统网络安全进行整改加固，在坚持"安全分区、网络专用、横向隔离、纵向认证"的原则，强化边界防护的基础上，加强内部的物理安全、网络安全、操作系统安全、应用安全、数据安全防护以及安全运维管控，构建纵深防线，实现智能制造企业生产控制系统网络安全的纵深防御、综合防护。

第 7 章 工业互联网应用

我国在消费互联网应用领域雄冠全球，引领世界。那么，我国能否在工业互联网领域再创辉煌呢？从消费互联网应用的成功经验中可以得到这样的启发：发展的关键在于层出不穷的应用创新，形成"以应用驱动创新，以创新提升应用"的模式。近年来，我国工业互联网在发展中形成了六大应用模式：数字化管理、平台化设计、智能化生产、网络化协同、个性化定制和服务化延伸。这既是企业高质量发展的内在驱动力，又是企业未来发展的重要方向。本章将从特征、场景和案例三个方面简要介绍这六种应用模式。

7.1 数字化管理

数字化管理是企业通过打通核心数据链，贯通生产制造全场景、全过程，基于数据的广泛汇聚、集成优化和价值挖掘，优化、创新乃至重塑企业战略决策、产品研发、生产制造、经营管理和市场服务等业务活动，构建数据驱动的高效运营管理新模式。数据成为企业的重要资产，在企业发展中起到举足轻重的作用。

海尔、富士康、树根互联等领先企业基于平台打通核心数据链，实现覆盖生产制造、产品全生命周期以及供应链的数据贯通，推动资产管理、运营管理和组织管理等方面的数字化管理创新，切实提升了企业管理能力和效率。

7.1.1 "平台+数字化管理"的特征

1. 数据

从附属产物到生产要素。数据在企业中的地位是一个逐渐提升的过程。在传统生产过程中，由于收集、存储、传输和分析等能力的限制，数据始终作为企业业务流程的附属产物存在，其价值一直无法被深入挖掘，其重要性也就没有得到足够的重视。随着信息技术的飞速发展，识别、管理海量数据的算法、算力不断完善，数据的价值被充分释放，逐渐成为企业重要的生产要素。企业可基于平台开展数字化管理，打通研发、生产、管理和服务等环节，实现设备、车间和物流等数据的泛在采集，推动全生命周期、全要素、全产业链和全价值链的有效连接，打造状态感知、实时分析、科学决策和精准执行的数据流动闭环，辅助企业进行智能决策，显著提升企业风险的感知、预测和防范能力。

2. 管理

从业务驱动到数据驱动。传统的管理模式基于业务驱动，依赖个人的经验和直觉，节点间信息分享不畅，分析的过程和结果往往难以有效复用，无法满足数字经济时代企业经营管理快速迭代创新的需要。数字化管理从业务的数字化监测、分析、模拟和计划入手，通过数据挖掘分析，结合虚拟仿真、虚拟现实和数字孪生等技术，打造真实映射物理世界的数字世界，持续将业务流程标准化、精细化及可视化，实现了员工、业务的集中管控和资源的统筹配置，提升了企业的关键资源管理能力。

3. 组织

从刚性架构到动态架构。传统企业组织架构多为科层制，通过对权力的分级配置保证决策可靠性、员工控制力和业务稳定性。然而，对外界变化不灵敏、机构设置逐渐冗杂、沟通交流繁琐等弊端使刚性架构难以适应当今商业运营的需要。数字化管理以数据流带动人才流、资金流和技术流之间的流动，降低了人才、资金、知识等在部门间流转的门槛限制，形成了合作性强、流动性强、主动性强的动态架构，打造全员共治、自组织、自主适应的组织形态，既增强了协同创新的意愿与效果，也有利于激发组织和个体的创新和创造活力，提升了企业的整体创新实践能力。

7.1.2 典型应用场景

1. 资产管理

资产管理的模式有三种：一是管理可视化，基于平台对零件、设备等进行 3D 建模，建立数字孪生生产线、模型仿真并实时呈现生产全过程；二是故障预测，通过打造覆盖全生命周期的数据流，广泛收集设备信息，基于实时数据开展大型设备的故障预警、故障诊断和预测性防护等；三是智能分析，基于平台持续采集企业研发、生产和物流等生产经营数据，结合知识图谱、专家系统等开展基于数据的辅助智能决策，驱动企业生产经营活动优化升级。例如，通用电气聚焦航空发动机、燃气轮机和风机等重点设备，基于 Predix 工业互联网平台提供数据驱动的设备健康和故障预测、生产率优化、排程优化等应用，有效解决了传统工业的质量、效率和能耗等问题。

2. 运营管理

运营管理的模式有三种：一是成本控制，基于平台打破传统工作模式，运用数字化工具优化预算管理、备品管理和绩效管理等业务，提升管理自动化、智能化水平，有效降低企业运营成本；二是资源优化，基于平台快速精准对接供给侧与需求侧信息，推动集团内部企业及上下游企业数据、技术和人才等资源共享，提升资源配置能力；三是精准营销，基于平台全方位收集用户数据，开展用户行为分析，精准描绘用户画像，挖掘潜在业务场景，精准提供个性化服务，提高用户满意度。

3. 组织管理

组织管理的模式有两种：一是自组织，基于平台优化管理模式，根据业务需要动态分配任务、量化工作指标等，建立科学合理的赋权系统，在变化中寻求员工与企业共同生长的空间，建立平台化、去中心化的分布式组织架构；二是零工模式，基于平台打破传统用工方式，将企业改造为赋能平台，汇聚广大中小企业与第三方开发者，及时挖掘潜力型团队并予以资源支持，充分激发企业和员工的积极性、主动性和创造性。例如，海尔集团基于卡奥斯（COSMOPlat）工业互联网平台打造去中心化的自治组织，持续组织架构改革，共培育 4000 多个小微企业，加速管理扁平化、企业平台化和员工创客化。

7.2 平台化设计

平台化设计以高水平和高效率的路径，着力破解传统设计方式中存在的单线程、慢反馈、低时效、长周期、高成本等问题，通过汇聚人员、算法、模型、任务等设计资源，着力实现云化协同、共享资源和实时交互等，以提升大中小企业协同研发设计的效率和质量，降低中小企业的研发设计成本，推动数字交付等新型设计成果产出。

平台化设计是产品的一种更科学、更先进的设计方法与思想，目前已经广泛应用于工业生产制造领域。

7.2.1 "平台+数字化设计"的特征

1. 动态数据反馈

在"平台+数字化设计"条件下，根据被设计对象的几何数据、原理数据、工艺数据和材料数据，结合现场设备数据、现场环境数据和历史设计数据等，进行动态数据反馈，从而实现反馈式设计、迭代式创新和连续性优化。目前，在汽车、轮船、航空航天、精密装备制造等领域已普遍开展原型设计、工艺设计、工程设计、数字仿真和数字样机等形式的数字化设计实践。

2. 基于模型的设计

基于模型的设计（MBD，Model-Based Design）是面向需求分析、架构设计、方案设计、详细设计和仿真验证等场景，以统一模型、统一数据源进行信息传递，实现设计与制造、供应及运维的协同，以缩短设计周期，提高设计效率。MBD 在三维模型上用简明直接的方式加入了产品的制造信息，进一步实现了从 CAD 到 CAM（包括加工、装配、测量和检测）的集成。

3. 集成产品开发

集成产品开发（IPD，Integrated Product Development）是一套完整的产品开发一体化流程体系，拥有领先的产品开发管理理念和方法。它将串行、单一管理模式扩展为广义研发领域多主体协同，围绕需求、架构设计、方案设计、详细设计和仿真验证的一体化，形成跨地域、多专业、多学科高度融合的业务协同研发模式。例如，长安汽车在美洲、欧洲和亚洲都建立了研发中心，通过建立以三维数字化设计和全球协同设计为核心的汽车产品智能化研发云平台，与海外设计中心进行24h全天候产品联合开发，实现了跨部门、跨区域的产品协同设计。

7.2.2 典型应用场景

开展联合研发，降低研发成本。通过高端专业软件共享，降低企业研发资金投入；通过仿真分析，缩短研制周期；通过对企业数据资产进行数据分析，为产品改进提供依据。"平台+数字化设计"示意图如图7-1所示。

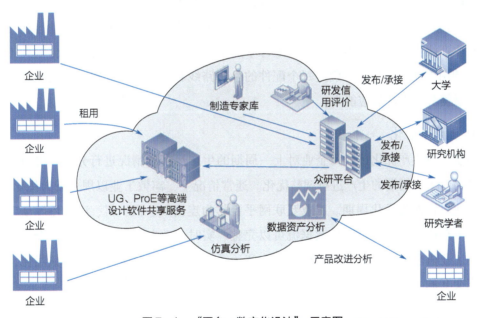

图7-1 "平台+数字化设计"示意图

7.3 智能化生产

智能化生产是互联网、大数据和人工智能等新一代信息技术在制造业领域的加速创新应用，可实现材料、设备、产品等生产要素与用户之间的在线连接和实时交互，以逐步实现机器代替人生产。智能化代表制造业未来发展的趋势。

富士康、徐工集团、商飞等制造企业基于平台实现了新一代信息技术与工业生产各环节的深度融合渗透，全面提升了设备、产线和服务的智能化水平，形成了具有自感知、自学习、自决策、自执行及自适应等功能的新型生产方式。

7.3.1 "平台+智能化生产"的特征

1. 设备智能化

企业传统信息化架构是机器、PLC/DCS、SCADA、MES 和 ERP/MRP 五级架构，主要解决工业生产自动化问题，没有对设备运行状态进行实时分析和处理，也没有实时反馈功能。工业互联网平台架构为边缘层、IaaS 层、PaaS 层、SaaS 层，机器设备可以调用工业机理模型，实现对设备运行状态的实时现场分析和决策，推动传统工业互联技术从边缘控制向边缘计算演进。

2. 生产柔性化

传统生产线是专线专用的自动化产线，适用于大批量、少品种订单，对多品种、小批量订单存在交货周期不稳定且偏长的问题。基于工业互联网全面感知、动态交互的特性，在生产线上密布传感器，对产线上每个加工配件自动识别，并将数据传输到工业互联网，调用工业机理模型，确定每个配件的生产路线和工序，从而实现混线生产，提升生产线敏捷和精准的反应能力。

3. 优化动态化

传统工业生产优化过程为企业对上一周期的生产运转的情况进行分析，得出优化方案，从而对下一周期的生产进行调整优化。通常情况下，离散工业以周、天为优化周期，流程工业以批次为优化周期。工业互联网平台作为连接人、机、料、法、环等全生产要素的重要载体，全流程贯通的数据流可以完整、实时、动态地反映现实生产全过程，通过调用工业机理模型可以实时分析工业生产运转情况，实时对生产进行调整优化，可实现动态交互的生产优化。

7.3.2 典型应用场景

1. 智能设备运行维护

1）设备状态监测。基于工业互联网平台采集温度、电压、电流等数据，直观展示设备实时状态，实现设备全面、实时、精确的状态感知。

2）设备故障诊断。利用大数据分析技术，对设备工作日志、历史故障、运行轨迹和实时位置等海量数据进行挖掘分析，基于知识库和自学习机制建立故障智能诊断模型，实现设备故障精准定位。

3)预测性维护。基于工业互联网平台分析预测设备关键部件变化趋势、产品寿命和潜在风险,提前预判设备零部件的损坏时间,主动提前进行维护服务。例如,富士康基于 BEACON 工业互联网平台实时采集精密刀具状态数据,结合智能调机深度学习算法,实现了刀具的自感知、自诊断、自修复、自优化以及自适应。

2. 智能产线运行管理

根据生产对象在生产过程中的特点,可以把工业企业分为离散行业企业和连续行业企业。对于离散行业企业,可以基于工业互联网平台,打通基于 CAD/CAE/CAM/PDM 的产品设计环节和基于 DCS/MES 的生产制造环节,打通工业设备监控操作层和生产运营管控层的数据流通路径,实现设计制造协同、生产管理优化、设备健康管理、产品增值服务以及制造能力交易,提升企业生产制造全过程、全产业链的精准化、柔性化和敏捷化水平。对于连续行业企业,在实际生产前,利用数字孪生技术对原材料配比和工艺流程进行全方位模拟仿真,优化原料配比参数和装置优化路径,在实际生产过程中,基于过程控制和制造执行系统对生产过程进行状态监测、故障诊断、预测预警、质量控制以及节能减排管理,实现生产过程的集约高效、动态优化、安全可靠和绿色低碳。

3. 智能服务

智能服务的模式一般有如下几类。

1)供应链风险管理。利用知识图谱技术,汇聚和分析影响供应链的各种关键风险因素,识别和预判供应链管理的风险点,自动提出降低供应链风险的建议,以辅助决策,保障供应链稳定。

2)产品质量检测。利用机器视觉和深度学习技术,构建具有学习能力的图像识别模型,并用海量产品照片来训练模型,逐步迭代和提高图像识别模型的认知能力,为工业流水线提供精准度高、速度快、稳定性高的质检服务。

3)精准营销。利用大数据用户画像,了解用户需求偏好、行为偏好、渠道偏好,在广告产品推送中直达目标用户,提供差异化营销服务,提升用户体验。

4)智慧物流。利用深度学习和全局最优化技术,对物流的运输网络、仓储布局、运力排程、动态调度和道位排程等进行全局的动态优化,实现车辆装载、运力资源、运输效率、仓储运作的最优化,提升物流运作效率,降低物流运作成本。

4. 互联生产

通过富裕生产资源的租赁,提高设备利用率;通过生产众包使产业链的专业化分工趋向更为合理;通过精益化管控服务有效提升中小企业的精细化管理水平,增强整个产业竞争力,有效降低企业 IT 部署及维护成本,同时保障信息安全。互联生产的示意图如图 7-2 所示。

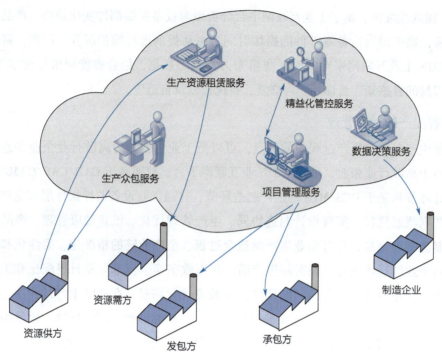

图 7-2 互联生产示意图

7.4 网络化协同

网络化协同是通过跨部门、跨层级、跨企业的数据互通和业务互联，推动供应链上的企业和合作伙伴共享用户、订单、设计、生产、经营等各类信息资源，实现网络化的协同设计、协同生产、协同服务，进而促进资源共享、能力交易以及业务优化配置。

航天云网、商飞、石化盈科等制造企业依托工业互联网平台，开展协同设计、协同制造、协同运维、供应链协同等业务，加速构建大配套、大协作的网络化协同体系，实现了研发、制造、管理和运维的一体化协同。

7.4.1 "平台+网络化协同"的特征

1. 数据

从局部孤岛到连通体系。在传统工业体系中，数据由各机构自主存放维护，造成了物理上的数据孤岛，而且数据逻辑相对孤立，沟通成本高，使用价值低。工业互联网利用大数据、物联网、人工智能等新一代信息技术将各生产要素、企业与企业、企业与社会连接起来，构建了产品全生命周期的泛在连接，将各生产环节和制造主体统筹起来运作，打通了数据孤岛，形成了数据连通体系，以数据的自由流动化解工业场景中的不确定性。

2. 资源

从价值链条到价值网络。传统制造业的价值链以产品为中心，围绕产品生产的各个环节，聚焦节省成本和发现新利润，优化已有价值链，创造价值链新节点。随着工业互联网平台在垂直行业的深耕，正在对企业价值链的各环节进行渗透和改造，催生了各种新型生产要素和创新业务模式，优化了资源配置，变革了经营价值系统与决策逻辑，传统模式下的价值链条将演变为以用户为中心的价值网络。

3. 业务

从串行推进到并行协同。传统制造业的业务模式是基于串行工程的，生产活动在各部门之间顺序进行，每个生产活动完成后再转到下一环节，生产流程长、效率低、成本高。工业互联网平台汇聚了各方资源，可实现设计商、制造商、供应商和专业化生产企业的高度协同，推动设计、制造、供应链、服务各环节并行联动，形成跨地域、多专业、多学科高度融合的业务协同模式，从而实现了降低运营成本，提高产品质量，提升生产率，缩短产品生产周期。

4. 能力

从局部优化到全局优化。传统制造业运营模式聚焦原材料采购、设备工控和生产排产等局部环节的优化，环节之间缺乏联动，不易产生规模效应。依托工业互联网推广网络化协同运营，聚焦供应链一体化优化、生产运营集成管控、资产全生命周期管理等主线，可提升企业全局协同优化、预测预警和安环管控等能力。

7.4.2 典型应用场景

"工业互联网平台+网络化协同"围绕产品全生命周期，优化研发设计、生产制造、运维服务和供应链等环节的资源配置，实现了人流、物流、过程流、信息流、资金流和技术流的协同运作。

1. 协同制造

协同制造的应用模式一般有如下三种。

1）云制造。依托工业互联网平台，整合部件生产厂、组装厂等生产资源，构建网络化制造系统。例如，将某复杂产品的生产任务按照流程、工序和结构等特征分解为部件生产、焊接、组装等进程，并依照工厂的人员、设备、产能等属性和市场需求合理配置生产任务，推动生产订单与产能高效匹配。

2）云排产。根据市场、厂区、库房的动态信息协同制定生产计划，及时调整生产所需的人、机、料、法、环等配套供给，保障按质、按量、按时交付产品。

3）共享制造。借助互联网平台的双边连接作用，打破行业壁垒，打通行业信息不对称，实现制造业闲置设备、技术和人才的供求合理化、高效匹配。例如，商飞构建了基于工业云的飞机研制系统平台，推动全球近 150 个一级供应商之间进行数据交互，实现了基于统一数据源的设计、制造和供应一体化协同。

2. 协同运维

协同运维的应用模式有如下两种。

1）人员和设备协同。依托工业互联网平台，采集、监测、分析产品全生命周期数据，分析运维需求，定制服务进程，动态调配人员、设备，实现服务能力跨部门、跨企业调度和协同。

2）运维知识协同。依托工业互联网平台，推动专家库、工具库、运维知识库和用户信息库等服务资源共享，规范运维流程，保证运维质量，实现"用户提出需求，集中供给服务"的新型服务模式，提升运维服务在线化、网络化、协同化水平。例如，生意帮通过网络众包分包、精准供应链匹配、全生命周期品控等，为创客团队、外贸公司、工厂等提供高性价比的供应链解决方案，涉及模具加工、五金加工、表面处理和成品采购等，有效缩短了工期、提高了效率、降低了成本，实现了制造业委托外加工环节生产力的智能调度和统筹优化。

3. 供应链协同

供应链协同的应用模式有如下两种。

1）精准化供应链。制造企业依托工业互联网平台整合上下游资源，建立产供销各方的物流、信息流和资金流协同一体的运作体系，提供面向用户的库存管理、零部件管理、实时补货和物流配送等服务，实时响应用户交付需求。

2）社会化供应链。基于平台的供应链协同管理不断向产业链上下游拓展，推动跨企业、跨地区、跨产业链的数据共享、信息互通、业务协同，实现社会化制造资源的动态优化配置。例如，石化盈科依托工业互联网平台，对生产进度、质量、原油采购等进行监督和管控，以提高供应链的反应速度、匹配精度和调运效率，降低原油采购成本，减少成品和在制品的库存。基于航天云网 INDICS 平台，不同制造工厂之间可交易 14 大类、66 小类生产制造能力，12 大类、139 小类试验能力，3 大类、30 小类计量检测能力，从而实现社会化生产能力的合理分配。

通过集中采购，可降低原材料、配套件的采购成本；通过生产联动，可增强上下游企业的关联度，降低整个产业链的库存，减少现金流；通过众储模式，可充分整合仓储资源，降低企业仓储成本；通过众运模式使物流成本降低、效率提高且节能环保。互联物流示意图如图 7-3 所示。

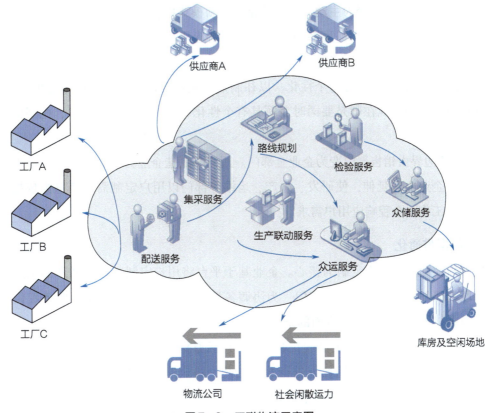

图 7-3 互联物流示意图

7.5 个性化定制

个性化定制是面向消费者个性化需求，通过用户需求的准确获取和分析、敏捷产品开发设计、柔性智能生产、精准交付服务等，实现用户在产品全生命周期中的深度参与，以低成本、高质量和高效率的大批量生产实现产品个性化设计、生产、销售及服务的一种制造服务模式。

海尔、航天云网、红领等企业基于工业互联网平台打通了用户需求与研发设计之间的数据流，构建了覆盖产品全生命周期的数据贯通体系，以数据自由流动带动企业内各部门人力、物力、财力等资源协调配置，低成本、高效率、全方位地满足了用户的个性化、碎片化、多样化需求。

7.5.1 "平台+个性化定制"的特征

1. 用户中心化

用户中心化是个性化定制的本质。当前，企业价值链正加速由以产品为中心向以用户为中心转变，主要表现在以下方面。

1）用户地位由被动变为主动。在个性化定制新模式中，用户由被动接受标准化产品向主动主导产品供给转变，深度参与产品设计、制造和装配等环节，大幅提高了消费自由度。

2）出售产品由标准化变为个性化。以往制造企业主要面向重点大用户提供统一化、模块化的拳头产品；现在则是要同时兼顾具有个性化、定制化需求的用户，挖掘更广阔的市场空间。

3）服务边界由销售部门变为企业全部门。用户与制造企业分离的边界点由前端销售部门不断向企业内部延伸，使研发、生产、运维等部门以用户定制需求信息为依据，合理安排相关工作，全程响应用户需求。

2. 数据贯通化

数据贯通化是个性化定制的核心。企业基于平台将用户定制数据贯通产品全生命周期，串联起研发、生产、运维等部门，为协调各类资源、开展个性化定制服务提供重要支撑。数据贯通化需要以下三方面的条件。

1）数据准确贯通。企业要准确获取用户对产品原材料、结构、外观和性能等各方面的个性化需求，结合实际使用场景进行数据转化，将定制数据在各业务环节准确贯通，实现各业务部门的一致性、协调性、准确性。

2）数据实时贯通。企业要保障用户定制数据和生产能力数据在研发、生产、运维等部门间快速贯通，灵活配置制造资源，及时响应用户需求。

3）数据交互贯通。企业要确保数据在各部门之间自由流动，驱动各部门依据定制信息变动进行同步调整，提高企业整体协作水平。

3. 生产柔性化

生产柔性化是个性化定制的关键。企业基于平台整合用户的多样化定制需求，以提升研发设计、生产制造和原料供应等环节的快速响应和柔性切换能力，开展高精度、高质量的个性化定制服务。生产柔性化有以下几方面的特点。

1）设计协同。企业准确识别用户需求，协调材料、结构和性能等设计部门，实时共享设计数据，制定个性化产品设计方案和生产计划，充分满足用户需求。

2）柔性制造。企业根据定制产品的加工要求，通过软件控制系统无缝切换刀具、工装（夹具、治具、检具）及传输设备等产线配置，确保各工序之间紧密衔接，高质量完成定制产品的生产，提高企业生产率。

3）敏捷供应链。汇聚和梳理用户定制信息，按产品结构拆分形成原材料需求清单，确定采购计划，减少原材料采购提前期，提高供应链协作水平，保障生产活动的原材料供应。

7.5.2 典型应用场景

1. 少品种大批量定制

家电、服装、汽车等行业面向用户积极开展少品种大批量个性化定制服务。企业为敏捷响应用户个性化需求，基于工业互联网平台加速将碎片化、通俗化的需求信息转化为标准化、可执行的工艺语言，驱动研发、生产、运维等部门协调配置制造资源，开展智慧化营销、交互式设计、可视化生产和精准化服务等，实现制造资源与用户需求全方位、全生命周期精准对接。例如，海尔集团是家电行业开展个性化定制服务的领军企业，其中海尔沈阳电冰箱厂通过部署卡奥斯（COSMOPlat）工业互联网平台，将用户作为产品生态系统的核心，深刻重塑用户关系，实现了整个价值链的端到端连接，使定制产品不合格率大大降低，生产率大幅提高。红领集团基于一体化的开放式互联网定制平台——RCMTM，只要5min就可以采集人体19个部位的数据，依托数据库内3000亿个版型数据，可快速调出与用户身材相匹配的西装版型，使企业设计成本减少了90%以上，而生产成本仅比规模化生产高出10%，生产周期缩短近50%，接近零库存经营，经济效益提升了数倍。

2. 多品种小批量定制

航空、船舶等行业面向用户企业积极开展多品种小批量个性化定制服务。企业基于工业互联网平台推动重点产品数据库开放共享，准确梳理和分析用户企业对产品材料、结构和性能等方面的个性化需求，将复杂产品需求拆分为标准化、通用化、模块化的零部件和产线配置，以提升高端产品模块化设计、柔性化制造、定制化服务能力，提高用户企业满意度。

3. "小作坊式"单件定制

面向模具、工艺品等加工精度高、交付周期短、定制水平高等用户需求，积极开展"小作坊式"单件定制服务。企业基于工业互联网平台可统筹建设线上服务中心，运营线下消费体验中心，明确用户定制需求，并将需求数据贯穿设计、生产和服务等产品全生命周期，自动生成3D打印等先进工艺代码参数，快速生产出结构复杂、工艺先进、功能完备的单件定制产品。例如，共享装备股份有限公司3D打印智能成形工厂基于"云+网+厂"的新一代铸造智能工厂架构，连通铸造3D打印设备、AGV和桁架机器人等智能装备，在行业云上实现业务集成，实现了金属定制模具一次打印完成，成品率提高了20%~30%，铸件生产周期缩短了50%，生产率提高了3~5倍。航天云网3D打印云平台可为用户开放多工艺、多材料、多应用的一体化3D打印应用解决方案，以实现产品快速迭代，缩短供需距离，减少设计制造沟通时间，使"所想即制造"变为可能，助力企业大幅缩短定制产品需求的响应时间，提高了用户满意度。

7.6 服务化延伸

服务化延伸是制造与服务融合发展的新型产业形态,指的是企业从原有制造业务向价值链两端高附加值环节延伸,从以加工组装为主向"制造+服务"转型,从单纯出售产品向出售"产品+服务"转变,具体包括设备健康管理、产品远程运维、设备融资租赁、分享制造及互联网金融等。

海尔、三一、徐工等企业基于平台创新经营模式,开展了设备服务、供应链服务、综合解决方案服务等延伸业务,加速从"卖产品"向"卖服务"转变,实现了企业沿价值链向高附加值环节的跃升。

7.6.1 "平台+服务化延伸"的特征

1. 企业定位

从制造商向服务商转变。传统的制造企业以生产制造为中心,聚焦制造环节,通过智能化改造和扩大规模的方式,提高产品生产能力,增加企业竞争力。随着市场竞争不断加剧,生产力大幅提升,供需关系发生转变,产品的生产能力已经不再是企业提高市场占有率的唯一考量,用户往往更加关注企业基于产品提供的服务质量。制造企业的定位逐渐从制造商向服务商转变,业务范围从单纯的生产加工向提供设备运营维护、支撑业务管理决策以及满足用户多样化需求等服务环节延伸,以增加产品附加价值,塑造企业综合优势。

2. 产品形态

从产品向产品服务系统转变。传统的制造企业以产品供应为主营业务,围绕生产环节进行技术创新、模式创新和管理创新,不断提升产品的质量和价值,通过售卖产品来获取盈利。随着生产力水平的提高,产品本身的价值差异缩减,市场需求正从产品导向向产品服务系统导向转变,急需制造企业从传统单一制造环节向两端延伸,开展专业服务活动。制造企业逐渐从单纯以卖产品为核心转向提供服务业务的先进制造模式,将行为触角延伸至产品的整个生命周期,探索基于产品的增值服务和基于需求的服务,以拓展业务范围,增加企业盈利。

3. 商业模式

从短期交易到长期服务转变。传统制造企业的商业模式大多是基于产品交易的"一锤子"买卖,企业盈利来源于订单量和成交额,对于后期运维服务的重视程度不高,用户体验感较差。随着用户需求不断升级、产品附加值不断增加,单纯的生产制造和产品售卖的利润空间下降,亟须寻求新的盈利空间。制造企业逐渐从"交钥匙工程"式的短期交易向长期运维服务转变,一方面,拓展了企业的业务范围,以增强用户黏性,提升企业核心竞争力;另一方面,形成了基于产品全生命周期的数据流通闭环,以促进企业研发设计、生产制造和运营管理等环节的优化升级。

7.6.2 典型应用场景

1. 产品效能提升服务

产品效能提升服务主要有以下几种模式。

1)设备健康管理。基于平台汇聚生产设备的制造工艺、运行工况和状态数据等,不断沉淀、优化设备故障诊断、预测预警、健康管理等模型。

2)工业产品远程运维。基于平台采集、整合产品设计、运行和环境等数据,提供故障诊断、故障预测、寿命预估等服务。

3)设备融资租赁。依托工业互联网平台采集设备运行情况、实时工况等设备数据,整合企业生产经营等业务数据,建立用户经营、信用等大数据分析模型,开展信用与质量评级。

例如,徐工集团基于汉云工业互联网平台,为每一台设备做数字画像,将可能损坏的零部件进行提前更换,使设备故障率降低一半。

2. 产业链条增值服务

产业链条增值服务主要有以下几种模式。

1)现代供应链管理。依托工业互联网平台开发集中采购、供应商管理、柔性供应链、智能仓储、智慧物流等云化应用服务,推动制造企业和供应链各主体、各环节信息流、资金流、物流、商流对接的无缝化、透明化和一体化,推动供应链企业业务流程的规范化、标准化。

2)分享制造。围绕制造能力的集成整合、在线分享和优化配置,基于平台开发部署制造能力在线发布、实时对接和精准计费等工业 App,推动制造能力的可计量、可协同、可交易,面向全行业提供制造资源泛在连接、弹性供给和高效配置服务。

3)互联网金融。依托工业互联网平台采集产业集聚区内制造企业生产经营等业务数据,建立用户经营、信用等大数据分析模型,开发部署用户经营状况预测等工业 App,开展企业信用评级,估算企业坏账概率,指导银行做出贷款决策。

3. 互联产品

通过设备租赁服务,实现由卖设备到卖服务的转变;通过将备件与主机绑定的方式,增加来自备件销售的利润;通过提供增值运维服务,提升产品的利润率;通过众包服务,可大幅节省装备企业建立维修站的成本。互联产品示意图如图 7-4 所示。

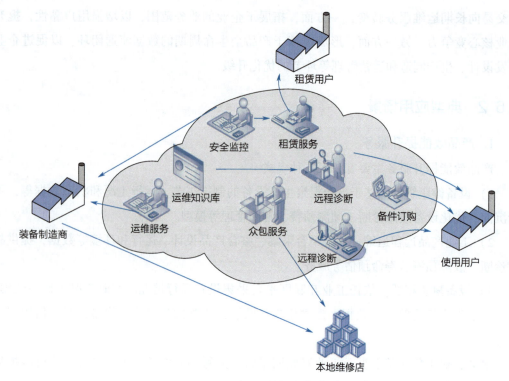

图 7-4　互联产品示意图

附　录

附录A　工业互联网体系架构

中国工业互联网产业联盟分别于2016年和2019年发布了《工业互联网体系架构（版本1.0)》和《工业互联网体系架构（版本2.0)》，形成了我国工业互联网技术与应用的总体框架。工业互联网体系架构1.0如图A-1所示。

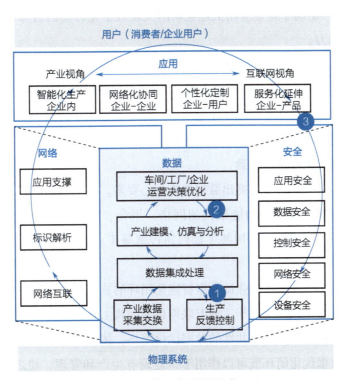

图A-1　工业互联网体系架构1.0

工业互联网体系架构1.0将工业互联网分成网络、数据和安全三大体系。其中，"网络"是工业数据传输交换和工业互联网发展的支撑基础，"数据"是工业智能化的核心驱动，"安全"是网络与数据在工业中应用的重要保障。基于三大体系重点构建三大优化闭环,即面向机器设备运行优化的闭环、面向生产运营决策优化的闭环,以及面向企业协同、用户交互与产品服务优化的全产业链、全价值链的闭环,进一步形成智能化生产、网络化协同、个性化定制、服务化延伸四大应用模式。

工业互联网体系架构2.0包括业务视图、功能架构和实施框架三大板块(图A-2),以商业目标和业务需求为牵引,明确系统功能定义与实施部署方式,自上向下、层层细化和深入。

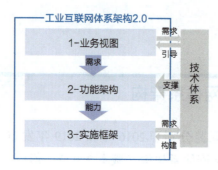

图A-2 工业互联网体系架构2.0

1)业务视图:明确了企业应用工业互联网实现数字化转型的目标、方向、业务场景及相应的数字化能力。

2)功能架构:明确企业支撑业务实现所需的核心功能、基本原理和关键要素。

3)实施框架:描述各项功能在企业落地实施的层级结构、软硬件系统和部署方式。

工业互联网体系架构2.0继承了工业互联网体系架构1.0的三大功能体系,以平台替代数据,重点体现1.0中数据的集成、管理与建模分析功能,形成网络、平台、安全三大体系,但功能内涵与1.0基本一致。

工业互联网体系架构2.0仍突出数据作为核心要素。业务视图的数字化转型方向、路径与能力实质由数据所驱动,功能架构的网络、平台、安全服务于数据的采集、传输、集成、管理与分析,实施框架则回答了如何通过部署工业互联网来提升现有制造系统的数据利用能力。

工业互联网体系架构2.0仍强调数据智能化闭环的核心驱动及其在生产管理优化与组织模式变革方面的变革作用。基于工业互联网体系架构1.0提出的三大智能化闭环,工业互联网体系架构2.0将其归纳为共性的数据优化闭环,体现其在工业互联网系统中无处不在的特征。这一数据优化闭环既可以作用于企业现有生产和管理,使之更加精准、智能,也可以作用于资源配置优化与生产方式重构,引发商业模式创新。

1. 业务视图

业务视图(图A-3)包括产业层、商业层、应用层和能力层四个层次。其中,产业层主要定位于产业整体数字化转型的宏观视角,商业层、应用层和能力层则定位于企业数字化转型的微观视角。

(1) 产业层 产业层主要描述了工业互联网在促进产业发展方面的主要目标、实现路径与支撑基础。工业互联网通过将自身的创新活力深刻融入各行业、各领域，最终将有力推进工业数字化转型与经济高质量发展。

新产业、新模式、新业态共同构成了产业高质量发展的新动能，同时也是工业互联网价值创造的关键路径。

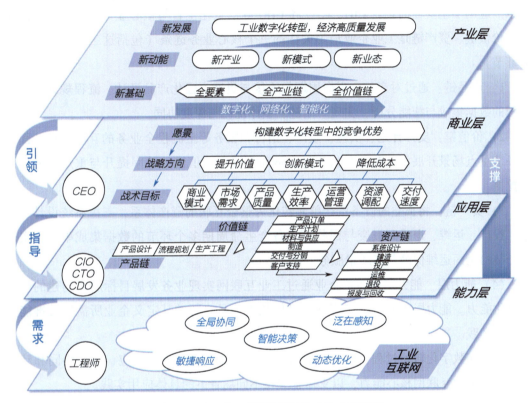

图 A-3 工业互联网体系架构 2.0 业务视图

构建全要素、全产业链、全价值链全面连接的新基础是关键，这也是工业数字化、网络化、智能化发展的核心。全面连接可以显著提升数据采集、集成管理与建模分析的水平。

(2) 商业层 商业层主要明确了企业应用工业互联网构建数字化转型竞争力的愿景理念、战略方向和具体目标。商业层主要面向 CEO 等企业高层决策者，用于明确在企业战略层面如何通过工业互联网保持和强化企业的长期竞争优势。企业可通过工业互联网，从提升价值、创新模式和降低成本三大战略方向进行努力。

1) 提升价值：工业互联网可以帮助企业更好地对接客户，通过产品创新实现更高的附加价值。

2）创新模式：工业互联网可以推动企业由卖产品走向卖服务，创造新的业务模式和收入来源，甚至进一步实现生产、服务与信贷、保险、物流等其他领域的创新融合，进一步释放数据价值红利。

3）降低成本：工业互联网通过数据驱动的智能，可以帮助企业在提高生产效率、减少停机与不良品以及减少库存等一系列关键环节和场景发挥作用。

（3）应用层　应用层主要明确了工业互联网赋能于企业业务转型的重点领域和具体场景。应用层主要面向企业 CIO、CTO 和 CDO 等信息化主管与核心业务管理人员。产品链、价值链、资产链是工业企业最为关注的三个核心业务链条（包括这三者所交汇的生产环节）。

1）产品链：通过对产品全生命周期的连接与贯通，强化产品设计、流程规划到生产工程的数据集成与智能分析，实现产品链的整体优化与深度协同。

2）价值链：支撑计划、供应、生产、销售和服务等全流程全业务的互联互通，面向单环节重点场景开展深度数据分析优化，从而实现全价值链的效率提升与重点业务的价值挖掘。

3）资产链：将孤立的设备资产单元转化为整合互联的资产体系，支撑系统设计、建造、投产、运维、退役到报废与回收等设备全生命周期多个环节的数据集成串联，实现资产链的全面运维保障与高质量服务。

（4）能力层　能力层描述了企业通过工业互联网实现业务发展目标所需构建的核心数字化能力。能力层主要面向工程师等具体技术人员，帮助其定义企业所需的关键能力并开展实践。

企业在数字化转型过程中需构建泛在感知、智能决策、敏捷响应、全局协同和动态优化五类工业互联网核心能力，以支撑企业在不同场景下的具体应用实践。

1）泛在感知：通过广泛部署感知终端与数据采集设施，实现全面深度的实时监测。

2）智能决策：通过工业模型与数据科学地融合进行分析优化，形成企业智能决策能力。

3）敏捷响应：打通企业内、企业间及用户的数据链，提升企业对市场变化和需求的响应和交付速度，形成企业敏捷响应的能力。

4）全局协同：在企业内协同，探索企业运行效率最优；在企业外协同，探索产业配置效率最优，建立全局协同的能力。

5）动态优化：通过对物理系统的精准描述与虚实联动，建立数字孪生系统，能够在线实时对物理系统的运行进行分析优化，形成动态优化的能力。

2. 功能架构

工业互联网的核心功能原理是基于数据驱动的物理系统与数字空间全面互联与深度

协同，以及在此过程中的智能分析与决策优化。通过构建网络、平台和安全三大功能体系，工业互联网全面打通了设备资产、生产系统、管理系统和供应链，基于数据整合与分析实现 IT 与 OT 的融合和三大体系的贯通。工业互联网功能架构和工业互联网数据优化闭环图如图 A-4 和图 A-5 所示。

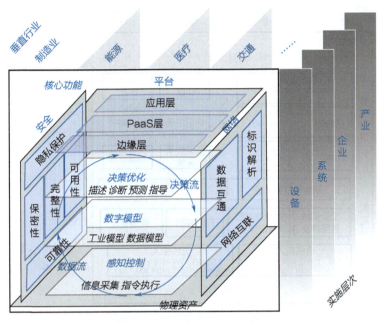

图 A-4　工业互联网功能架构

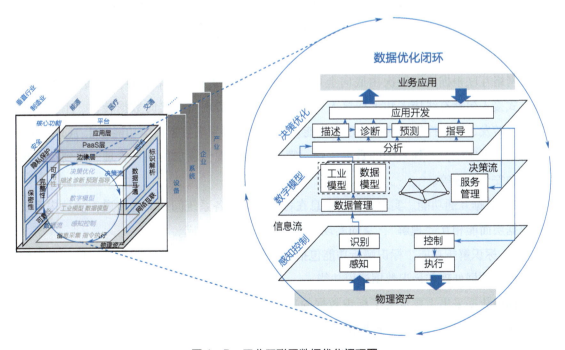

图 A-5　工业互联网数据优化闭环图

(1) 网络功能　网络体系由网络互联、数据互通和标识解析三部分组成。网络互联实现要素之间的数据传输，数据互通实现要素之间传输信息的相互理解，标识解析实现要素的标记、管理和定位。工业互联网网络功能如图A-6所示。

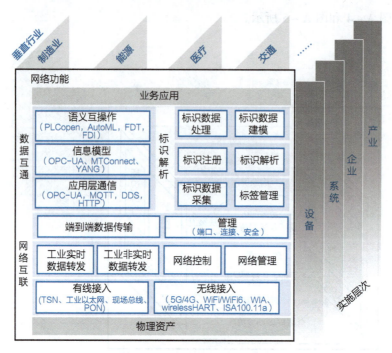

图A-6　工业互联网网络功能

1）网络互联功能，即通过有线接入、无线接入方式，将工业互联网体系相关的人、机、料、法、环以及企业上下游、智能产品、用户等全要素连接，支撑业务发展的多要求数据转发，实现端到端数据传输。

网络互联根据协议层次由底向上可以分为多方式接入、网络层转发和传输层传送。多方式接入包括有线接入和无线接入。网络层转发可实现工业实时数据转发、工业非实时数据转发、网络控制和网络管理等功能。传输层的端到端数据传输功能基于TCP、UDP等协议，可实现设备到系统的数据传输。管理功能实现传输层的端口管理、端到端连接管理和安全管理等。

2）数据互通功能。实现数据和信息在各要素间、各系统间的无缝传递，使异构系统在数据层面能相互"理解"，从而实现数据互操作与信息集成。

3）标识解析功能。标识解析功能包括标识数据采集、标签管理、标识注册、标识解析、标识数据处理和标识数据建模功能。

标识数据采集主要定义了标识数据的采集和处理手段，包含标识读写和数据传输两个功能，负责标识的识读和数据预处理。

标签管理主要定义了标识的载体形式和标识编码的存储形式，负责完成载体数据信息的存储、管理和控制,针对不同行业、企业需要,提供符合要求的标识编码形式。

标识注册是在信息系统中创建对象的标识注册数据,包括标识责任主体信息、解析服务寻址信息和对象应用数据信息等,并存储、管理、维护该注册数据。

标识解析能够根据标识编码查询目标对象网络位置或相关信息的系统装置,对机器和物品进行唯一性的定位和信息查询,是实现全球供应链系统和企业生产系统的精准对接、产品全生命周期管理和智能化服务的前提和基础。

标识数据处理定义了对采集后的数据进行清洗、存储、检索、加工、变换和传输的过程,根据不同业务场景,依托数据模型来实现不同的数据处理过程。

标识数据建模是指构建特定领域应用的标识数据服务模型,建立标识应用数据字典、知识图谱等,基于统一标识建立对象在不同信息系统之间的关联关系,提供对象信息服务。

(2) 平台功能 为实现数据优化闭环,驱动制造业智能化转型,工业互联网需要具备海量工业数据与各类工业模型管理、工业建模分析与智能决策、工业应用敏捷开发与创新、工业资源集聚与优化配置等一系列关键能力。这些是传统工业数字化应用无法提供的功能,却是工业互联网平台的核心。

按照功能层级划分,工业互联网平台包括边缘层、PaaS 层和应用层三个关键功能组成部分。工业互联网平台功能如图 A-7 所示。

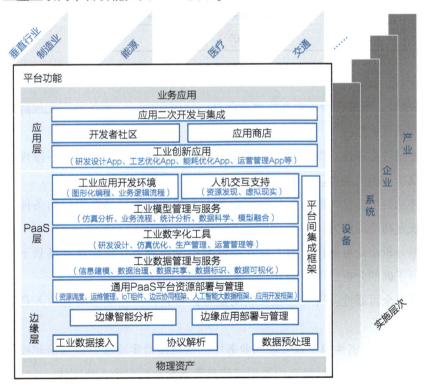

图 A-7 工业互联网平台功能

（3）安全功能　为解决工业互联网面临的网络攻击等新型风险，确保工业互联网健康有序发展，工业互联网安全功能框架充分考虑了信息安全、功能安全和物理安全，聚焦工业互联网安全所具备的主要特征，包括可靠性、保密性、完整性、可用性以及隐私和数据保护，如图A-8所示。

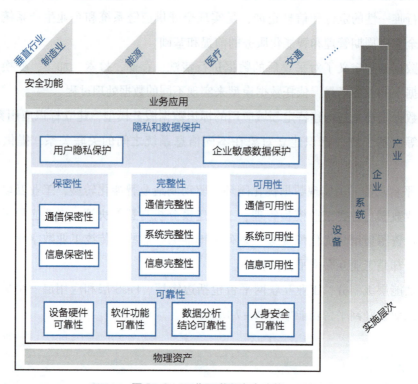

图A-8　工业互联网安全功能

1）可靠性。可靠性指工业互联网业务在一定时间内、一定条件下无故障地执行指定功能的能力或可能性。

①设备硬件可靠性：指工业互联网业务中所有设备的硬件部分在一段规定的时间内正确执行要求功能的能力。

②软件功能可靠性：指工业互联网业务中的各类软件产品在规定的条件下和时间区间内完成规定功能的能力。

③数据分析结论可靠性：指工业互联网数据分析服务在特定业务场景下、一定时间内能够得出正确的分析结论的能力。

④人身安全可靠性：指对工业互联网业务运行过程中相关参与者的人身安全进行保护的能力。

2）保密性。保密性指工业互联网业务中的信息按给定要求不泄露给非授权的个人或企业加以利用的特性，即杜绝有用数据或信息泄露给非授权个人或实体。

①通信保密性：指对要传送的信息内容采取特殊措施，从而隐蔽信息的真实内容，

使非法截收者不能理解通信内容的含义。

②信息保密性：指工业互联网业务中的信息不被泄露给非授权的用户和实体，只能以允许的方式供授权用户使用的特性。

3）完整性。完整性指工业互联网用户、进程或者硬件组件具有能验证所发送的信息的准确性，并且进程或硬件组件不会被以任何方式改变的特性。

①通信完整性：指对要传送的信息采取特殊措施，使信息接收者能够对发送方所发送信息的准确性进行验证的特性。

②系统完整性：指对工业互联网平台、控制系统、业务系统（如 ERP、MES）等加以防护，使系统不以任何方式被篡改，即保持准确的特性。

③信息完整性：指对工业互联网业务中的信息采取特殊措施，使信息接收者能够对发送方所发送信息的准确性进行验证的特性。

4）可用性。可用性指在某个考察时间，工业互联网业务能够正常运行的概率或时间占有率期望值。可用性是衡量工业互联网业务在投入使用后实际使用的效能。

①通信可用性：指在某个考察时间，工业互联网业务中的通信双方能够正常与对方建立信道的概率或时间占有率期望值。

②系统可用性：指在某个考察时间，工业互联网平台、控制系统、业务系统（如 ERP、MES）等正常运行的概率或时间占有率期望值。

③信息可用性：指在某个考察时间，工业互联网业务使用者能够正常对业务中的信息进行读取、编辑等操作的概率或时间占有率期望值。

5）隐私和数据保护。隐私和数据保护指对于工业互联网用户个人隐私数据或企业拥有的敏感数据等提供保护的能力。

①用户隐私保护：指对与工业互联网业务用户个人相关的隐私信息提供保护的能力。

②企业敏感数据保护：指对参与工业互联网业务运营的企业所保有的敏感数据进行保护的能力。

3. 实施框架

工业互联网实施框架是整个工业互联网体系架构 2.0 中的操作方案，解决"在哪做""做什么"以及"怎么做"的问题。实施框架分为如下四层（图 A-9）。

1）设备层：对应工业设备、产品的运行和维护功能，关注设备底层的监控优化、故障诊断等应用。

2）边缘层：对应车间或产线的运行维护功能，关注工艺配置、物料调度、能效管理、质量管控等应用。

3）企业层：对应企业平台、网络等关键能力，关注订单计划、绩效优化等应用。

4）产业层：对应跨企业平台、网络和安全系统，关注供应链协同、资源配置等应用。

工业互联网实施框架包括网络实施框架、标识实施框架、平台实施框架和安全实施框架。

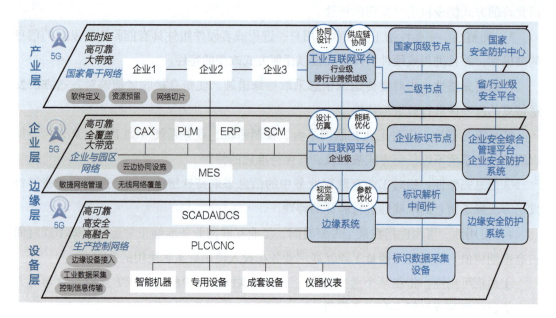

图 A-9 工业互联网实施框架

（1）网络实施框架　网络实施框架包括生产控制网络实施、企业与园区网络实施、国家骨干网络实施和信息互通互操作体系部署。

生产控制网络实施的核心目标是在设备层和边缘层建设高可靠、高安全、高融合的网络，支撑生产域的人、机、料、法、环全面的数据采集、控制、监测、管理和分析等。其中，设备包括：①用于智能机器、仪器仪表和专用设备等边缘设备接入的工业总线模块、工业以太网模块、TSN 模块、无线网络（5G、WiFi6、WIA 等）模块；②用于边缘网络多协议转换的边缘网关；③用于生产控制网络汇聚的工业以太网交换机、TSN 交换机；④用于生产控制网络数据汇聚的 RTU 设备；⑤用于生产控制网络灵活管理配置的网络控制器。

企业与园区网络实施的核心目标是在企业层建设高可靠、全覆盖、大带宽的企业与园区网络。其设备包括：①用于连接多个生产控制网络的确定性网络设备；②用于办公系统、业务系统互联互通的通用数据通信设备；③用于实现企业、园区全面覆盖的无线网络（5G、NB-IoT、WiFi6 等）；④用于企业与园区网络敏捷管理维护的 SDN 网络设备；⑤用于企业内数据汇聚分析的数据服务器、云数据中心；⑥用于接入工厂外部网络的出口路由器。

（2）标识实施框架　标识实施框架（图 A-10）包括设备层标识系统部署、边缘层标识系统部署、企业层标识系统部署和产业层标识系统建设。

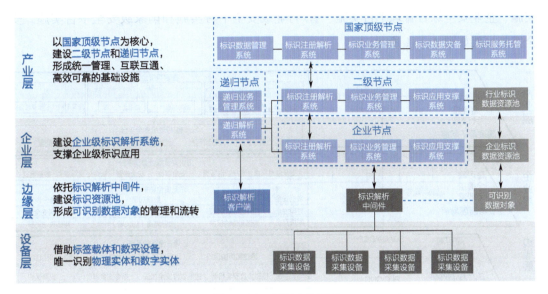

图 A-10 标识实施框架

1）设备层部署实施的核心目的是实现物理资源的数字化。该层是整个标识解析体系可以运转的前提条件，其部署实施的关键包括两个方面：面对复杂工业场景下不同的被标识对象和种类繁多的标识载体技术，如何对工业互联网标识进行有效适配；面对多种多样的标识载体，如何实现标识识别和标识数据的实时采集。

2）边缘层部署实施的核心目的是实现对可识别数据对象的有效管理和流转。其部署实施的关键包括两个方面：面对各类数据采集设备和通信协议，如何实现数据的实时采集；面对复杂的上层工业应用场景，如何建立通用的数据服务模型。

3）企业层部署实施的核心目的是面向企业实现数据资源的集成优化。部署实施中需要重点关注两个问题：由企业设计业务应用模式和敏感数据的暴露程度；提升标识解析系统与现有的工业系统的集成程度，以便更好地支撑上层业务需求。

4）产业层标识系统建设实施的核心目的是面向行业实现工业元素统一运维和管理。部署实施过程中需要重点关注两个问题：如何面向产业提供稳定、高效的标识解析和数据管理服务；如何兼容现有的异构标识解析体系，实现更大范围内的互联互通。

工业互联网标识解析体系采用分层、分级的部署模式。在国家顶级节点建设标识注册解析系统、标识数据管理系统、标识业务管理系统、标识数据灾备系统和标识服务托管系统。在二级节点建设标识注册解析系统、标识业务管理系统和标识应用支撑系统。在递归节点建设递归业务管理系统和递归解析系统，接收客户端查询请求，通过缓存等技术手段整体提升工业互联网标识解析的服务性能。

（3）平台实施框架　平台实施框架详见本书第 2.1.3 节。

（4）安全实施框架　安全实施框架包括边缘安全防护系统实施、企业安全防护系统实施、企业安全综合管理平台实施、省/行业级安全平台实施和国家级安全平台实施。安全实施框架如图 A-11 所示。

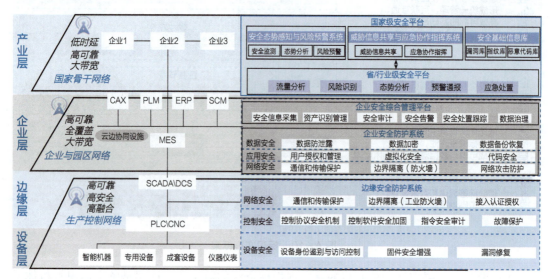

图 A-11　安全实施框架

边缘安全防护系统致力于面向实体实施分层分域安全策略，构建多技术融合的安全防护体系，从而实现边缘安全防护。其部署的关键在于确保工业互联网边缘侧的设备安全、控制安全和网络安全。

1）设备安全：可采取设备身份鉴别与访问控制、固件安全增强和漏洞修复等安全策略。

2）控制安全：可采取控制协议安全机制、控制软件安全加固、指令安全审计和故障保护等安全策略。

3）网络安全：可采取通信和传输保护、边界隔离（工业防火墙）和接入认证授权等安全策略。

企业安全防护系统致力于从防护技术策略角度出发，提升企业的安全防护水平，降低安全攻击风险。其部署的关键在于确保工业互联网企业侧的网络安全、应用安全和数据安全。

1）网络安全可采取通信和传输保护、边界隔离（防火墙）和网络攻击防护等安全策略。

2）应用安全可采取用户授权和管理、虚拟化安全和代码安全等安全策略。

3）数据安全可采取数据防泄露、数据加密和数据备份恢复等安全策略。

企业安全综合管理平台致力于从防护管理策略角度出发，以安全风险可知、可视、可控作为安全防护体系建设的主要目标，强化企业综合安全管理能力。其部署的关键在于对企业的网络出口及企业内安全风险进行监测，在平台网络出口建设流量探针，实现对企业的安全信息采集、资产识别管理、安全审计、安全告警、安全处置跟踪和数据治理等功能,并与省/行业级安全平台进行对接。

省/行业级安全平台致力于通过工业资产探测、流量分析、风险识别、态势分析、预警通报、应急处置等方式保障省/行业级平台安全运行。在部署方式上,省/行业级安全平台主要位于产业层,一方面保障本省/行业平台的安全运行,另一方面与国家级安全平台和企业安全综合管理平台实现对接,重点覆盖企业工业互联网平台,实现企业基础数据管理功能、策略/指令下发、情报库共享以及信息推送等功能。

国家级安全平台致力于提升国家级工业互联网安全综合管理和保障能力,加强国家与省/行业级安全平台的系统联动、数据共享、业务协作,形成国家整体安全综合保障能力。其功能为建立安全态势感知与风险预警系统,开展全国范围内的安全监测、态势分析、风险预警和跨省协同工作,并与省/行业级安全平台对接;建立威胁信息共享与应急协作指挥系统,具备综合研判、决策指挥和过程跟踪的能力,支持工业互联网安全风险上报、预警发布和事件响应等;依托现有基础进行资源整合,建立安全基础信息库,具体包括工业互联网安全漏洞库、指纹库和恶意代码库等基础资源库。

附录 B　工业互联网技术体系

工业互联网技术体系由制造技术、信息技术以及两大技术交织形成的融合技术组成。图 B-1 中列出了工业互联网用到的各种技术，其中典型的关键技术有 5G、边缘计算、数字孪生、工业 AI（人工智能）和区块链。附录 B 内容摘自工业互联网产业联盟发布的《工业互联网体系架构（版本 2.0）》。

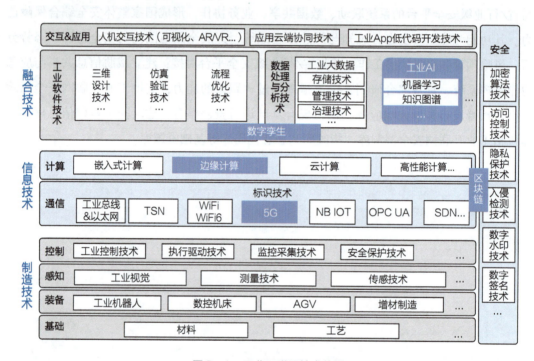

图 B-1　工业互联网技术体系

1. 5G 技术

5G 技术是网络连接技术的典型代表，推动无线连接向多元化、宽带化、综合化和智能化的方向发展，其低延时、高通量、高可靠技术和网络切片技术等弥补了通用网络技术难以完全满足工业性能和可靠性要求的技术短板，并通过灵活的部署方式，改变了现有网络落地难的问题。5G 技术的低延时、高通量特点保证了海量工业数据的实时回传。5G 网络切片技术能够有效满足不同工业场景的连接需求。

2. 边缘计算技术

边缘计算技术是计算技术发展的焦点，通过在靠近工业现场的网络边缘侧运行处理、分析等操作，就近提供边缘计算服务，能够更好地满足制造业敏捷连接、实时优化和安全可靠等方面的关键需求。边缘计算技术的赋能作用主要体现在如下两个方面。

1）降低工业现场的复杂性。目前，工业现场存在超过 40 种工业总线技术，工业设备之间的连接需要边缘计算提供"现场级"的计算能力，实现各种制式的网络通信协议相互转换、互联互通，同时又能够应对异构网络部署与配置、网络管理与维护等方面的艰巨挑战。

2）提高工业数据计算的实时性和可靠性。在工业控制的部分场景，计算处理的时延要求在 10ms 以内。如果数据分析和控制逻辑全部在云端实现，则难以满足业务的实时性要求。

3. 数字孪生技术

数字孪生是制造技术、信息技术和其他融合技术等交织融合的产物，它将不同的数据源进行实时同步，并高效整合多类建模方法和工具，以实现多学科、多维度、多环境的统一建模和分析。数字孪生的本质就是在信息世界对物理世界的等价映射。

数字孪生技术尚处于发展初期，目前它的作用主要体现在高价值设备或产品的健康管理方面。长期来看，随着技术发展，贯穿全生命周期、全价值链数字孪生体建立后，能够全面变革设计、生产、运营和服务全流程的数据集成和分析方式，极大地扩展数据洞察的深度和广度，驱动生产方式和制造模式的深远变革。

4. 工业人工智能技术

工业人工智能技术是人工智能技术基于工业需求进行二次开发适配形成的融合技术，能够对高度复杂的工业数据进行计算、分析，提炼出相应的工业规律和知识，可有效提升工业问题的决策水平。工业人工智能是工业互联网的重要组成部分，在全面感知、泛在连接、深度集成和高效处理的基础上，工业人工智能可实现精准决策和动态优化，完成工业互联网的数据优化闭环。工业人工智能技术的赋能作用体现在两大路径上：以专家系统、知识图谱为代表的知识工程路径和以神经网络、机器学习为代表的统计计算路径。

5. 区块链技术

区块链技术是数字加密技术、网络技术和计算技术等信息技术交织融合的产物，能够赋予数据难以篡改的特性，进而保障数据传输和信息交互的可信和透明，有效提升各制造环节生产要素的优化配置能力，加强不同制造主体之间的协作共享，以低成本建立互信的"机器共识"和"算法透明"，加速重构现有的业务逻辑和商业模式。目前，区块链技术尚处于发展初期，其赋能作用主要表现在：能够解决高价值制造数据的追溯问题，如原材料认证；能够辅助制造业不同主体间的高效协同，如供应链管理。

附录 C　工业互联网标准体系

工业互联网标准体系框架包括基础共性、网络、边缘计算、平台、安全和应用六大类标准（图 C-1）。附录 C 内容摘自工业互联网产业联盟发布的《工业互联网综合标准化体系建设指南（2021 版）》。

1. 基础共性标准

基础共性标准包括术语定义、通用要求、架构、测试与评估、管理、产业链/供应链以及人才标准。

1）术语定义标准。术语定义标准主要规范工业互联网的相关概念，为其他各部分标准的制定提供支撑，包括工业互联网场景、技术、业务等主要概念的定义、分类以及相近概念之间的关系等。

2）通用要求标准。通用要求标准主要规范工业互联网的通用能力要求，包括业务、功能、性能、安全、可靠性和管理等。

3）架构标准。架构标准主要规范工业互联网体系架构以及各部分参考架构，用于明确和界定工业互联网的对象、边界、各部分的层级关系和内在联系等。

4）测试与评估标准。测试与评估标准主要规范工业互联网技术、设备/产品和系统的测试要求，以及工业互联网、"5G + 工业互联网"的应用领域（含工业园区、工业企业等）和应用项目的成熟度要求，包括测试方法、评估指标、评估方法、验收方法、度量和计价等。

5）管理标准。管理标准主要规范工业互联网项目/工程建设、运行相关责任主体以及关键要素的管理要求，包括工业互联网项目/工程建设、运行、维护、服务、交易、资源分配、绩效和组织流程等方面的标准。

6）产业链/供应链标准。产业链/供应链标准主要包括基于工业互联网的产业链协作平台上下游企业供需对接、产业链上下游协同运作、产业链协作平台等标准，以及供应链数据共享、供应链风险管理、供应链性能评估、供应商管理、供应链安全和供应链预警平台等标准。

7）人才标准。人才标准主要包括工业互联网从业人员能力要求、能力培养和能力评价等标准。工业互联网从业人员能力要求包括综合能力、专业知识、技术技能和工程实践能力等。工业互联网人才培养包括培养形式、内容、教材和学时等内容。工业互联网人才能力评价包括评价内容和评价方法等。

附 录

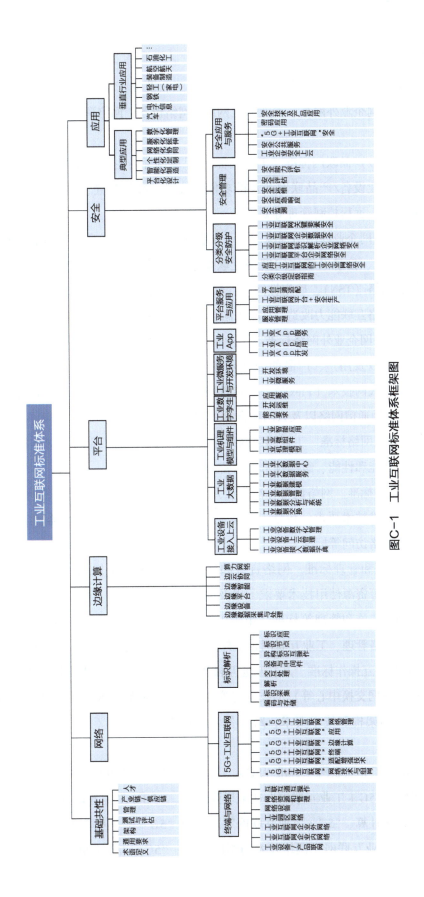

图C-1 工业互联网标准体系框架图

2. 网络标准

（1）终端与网络标准　终端与网络标准包括工业设备/产品联网、工业互联网企业内网络、工业互联网企业外网络、工业园区网络、网络设备、网络资源和管理以及互联互通互操作标准。

1）工业设备/产品联网标准。工业设备/产品联网标准主要用于规范设备网络互联能力改造，以及工业设备/产品联网涉及的功能、接口、参数配置、数据交换、时钟同步、定位、设备协同、远程控制管理等要求。

2）工业互联网企业内网络标准。工业互联网企业内网络标准主要用于规范工业设备/产品、控制系统、信息系统之间网络互联要求，包括现场总线、工业以太网、工业光网、时间敏感网络（TSN）、确定性网络、软件定义网络（SDN）、工业无线网络、异构网络互联、设备网络互联能力改造、IT/OT融合组网等关键网络技术标准。

3）工业互联网企业外网络标准。工业互联网企业外网络标准主要用于规范连接生产资源、商业资源以及用户、产品的公共网络（互联网、虚拟专用网络等）和专网要求，包括基于灵活以太网技术（FlexE）、光传送网、软件定义网络（SDN）、分段路由IPv6协议（SRv6）、移动通信网络以及云网融合等关键网络技术标准。

4）工业园区网络标准。工业园区网络标准主要用于规范工业园区网络相关要求，包括网络架构、功能和性能、组网技术、运营维护等技术标准。

5）网络设备标准。网络设备标准主要用于规范工业互联网内使用的网络设备功能、性能、接口等关键技术要求，包括工业网关、工业交换机、工业路由器、工业光网络设备、工业无线网络访问等标准。

6）网络资源和管理标准。网络资源和管理标准主要用于规范工业互联网涉及的地址、无线电频率等资源使用技术要求，以及网络运行管理要求，包括工业互联网IPv6地址规划、应用、实施和管理等标准，用于工业环境的无线电发射设备等标准，以及工业互联网企业内网络管理、工业互联网企业外网络管理、工业园区网络管理等标准。

7）互联互通互操作标准。互联互通互操作标准主要用于规范跨网络、跨域的网络互联（如工业互联网交换中心等）的技术与管理要求，多源异构数据互通（如接口、协议、信息模型等）的架构和技术要求，跨设备、跨系统的互操作（如协议交互等）规范和指南。

（2）"5G+工业互联网"标准　"5G+工业互联网"标准包括"5G+工业互联网"网络技术与组网、"5G+工业互联网"适配增强技术、"5G+工业互联网"终端、"5G+工业互联网"边缘计算、"5G+工业互联网"应用及"5G+工业互联网"网络管理标准。

1）"5G+工业互联网"网络技术与组网标准。"5G+工业互联网"网络技术与组网标准主要用于规范 5G 与工业互联网融合的关键技术与网络架构，包括面向工业需求的可定制核心网、工业小基站、5G–局域网（5G–LAN）、非公众网络（NPN），以及面向工业企业的专网架构等标准。

2）"5G+工业互联网"适配增强技术标准。"5G+工业互联网"适配增强技术标准主要用于规范 5G 面向工业互联网需求的增强型技术要求，包括 5G 上行增强、高精度时间同步、高精度室内定位以及与其他网络协议对接等标准。

3）"5G+工业互联网"终端标准。"5G+工业互联网"终端标准主要用于规范面向不同行业和场景的融合终端技术要求，包括工业 5G 通信模组、工业 5G 通信终端，如仪器仪表传感器、自动导引车（AGV）、监控设备及增强现实/虚拟现实（AR/VR）设备等。

4）"5G+工业互联网"边缘计算标准。"5G+工业互联网"边缘计算标准主要用于规范 5G 多接入边缘计算（MEC）设施的相关要求，包括面向工业场景的部署架构、基础设施（网络、算力、存储等）、平台和接口等标准。

5）"5G+工业互联网"应用标准。"5G+工业互联网"应用标准主要用于规范面向不同行业的 5G 与工业互联网融合应用场景和技术要求等，包括采矿、钢铁、石化、建材、电力、装备制造、轻工和电子等行业的融合应用标准。

6）"5G+工业互联网"网络管理标准。"5G+工业互联网"网络管理标准主要用于规范 5G 融合基础网络管理、5G 多接入边缘计算管理和 5G 切片网络管理等要求。

（3）标识解析标准　标识解析标准包括编码与存储、标识采集、解析、交互处理、设备与中间件、异构标识互操作、标识节点和标识应用标准。

1）编码与存储标准。编码与存储标准主要用于规范工业互联网的编码方案，包括编码规则、注册操作规程等，以及标识编码在被动标识载体（如条码、二维码、射频识别标签等）、主动标识载体（如通用集成电路卡、通信模组、芯片等）及其他标识载体上的存储方式等。

2）标识采集标准。标识采集标准主要用于规范工业互联网各类标识采集实体间的通信协议及接口要求等。

3）解析标准。解析标准主要用于规范工业互联网标识解析的分层模型、实现流程、解析查询数据报文格式、响应数据报文格式和通信协议、解析安全等。

4）交互处理标准。交互处理标准主要用于规范标识数据建模方法和交互服务机制，包括数据模型、语义化描述、产品信息元数据，以及交互协议与接口、数据共享与服务、数据安全等标准。

5）设备与中间件标准。设备与中间件标准主要用于规范工业互联网标识采集设备、解析服务设备、数据交互中间件等涉及的功能、性能、接口、协议和同步等。

6）异构标识互操作标准。异构标识互操作标准主要用于规范不同工业互联网标识解析服务之间的互操作，包括实现方式、交互协议和数据互认等标准。

7）标识节点标准。标识节点标准主要用于规范工业互联网标识解析节点（如根节点、国家顶级节点、二级节点、企业节点、递归节点以及与区块链技术结合的节点等）的系统能力、互通接口、运营与管理以及分布式存储与管理等。

8）标识应用标准。标识应用标准主要用于规范基于特定技术（如主动标识载体、区块链等）、特定场景（如产品溯源、仓储物流、供应链金融等）的标识应用技术。

3. 边缘计算标准

边缘计算标准包括边缘数据采集与处理、边缘设备、边缘平台、边缘智能、边云协同和算力网络标准。

1）边缘数据采集与处理标准。边缘数据采集与处理标准主要用于规范各类设备/产品的数据采集技术要求，包括协议解析、数据转换、数据边缘处理、数据存储、数据与应用接口、相关应用指南等标准。

2）边缘设备标准。边缘设备标准主要用于规范边缘计算设备的功能、性能、接口等技术要求，包括边缘服务器/一体机、边缘网关、边缘控制器和边缘计算仪表等标准。

3）边缘平台标准。边缘平台标准主要用于规范边缘云、边缘计算平台等技术要求，包括计算、存储、网络资源管理、设备管理、应用管理和运维管理等标准。

4）边缘智能标准。边缘智能标准主要用于规范实现边缘计算智能化处理能力的相关技术，包括虚拟化和资源抽象技术、边缘端的智能算法接口、边缘设备智能化控制和管理模型接口、实时数据库管理接口、实时操作系统、分布式计算任务调度策略和技术、开放的边缘智能服务等标准。

5）边云协同标准。边云协同标准主要用于规范边云协同架构等技术要求，包括资源协同、应用协同、服务协同、数据协同等接口、协议等标准。

6）算力网络标准。算力网络标准主要用于规范算力网络架构等技术要求，包括算力溯源、算力度量、算力可信等标准。

4. 平台标准

平台标准包括工业设备接入上云、工业大数据、工业机理模型与组件、工业数字孪生、工业微服务与开发环境、工业App以及平台服务与应用标准。

1）工业设备接入上云标准。工业设备接入上云标准包括工业设备接入数据字典标准、工业设备上云管理标准和工业设备数字化管理标准。

①工业设备接入数据字典标准：主要用于规范不同行业中工业设备数据的结构化描述，包括对工业设备元数据分类、元数据模型构建及工业设备数据描述方法、格式的统

一，以实现设备、系统、平台间数据的互理解与互操作。

②工业设备上云管理标准：主要用于规范工业互联网平台对工业设备上云的相关要求，包括工业设备上云的通用管理要求、基础能力要求、应用场景、实施指南和效果评价等标准。

③工业设备数字化管理标准：主要用于规范基于工业互联网平台的工业设备数字化管理要求，包括基于工业互联网平台的工业设备运行监控、智能调度、预测性维护及质量全过程管控等标准。

2）工业大数据标准。工业大数据标准包括工业数据交换标准、工业数据分析与系统标准、工业数据管理标准、工业数据建模标准、工业大数据服务标准和工业大数据中心标准。

①工业数据交换标准：主要用于规范工业互联网平台内不同系统之间数据交换体系的架构、互操作和性能等要求。

②工业数据分析与系统标准：主要用于规范工业互联网数据分析的流程及方法，包括一般数据分析流程及典型场景下数据分析使用的工具、大数据系统等标准。

③工业数据管理标准：主要用于规范工业互联网数据的存储结构、数据字典、元数据、数据质量、数据生命周期管理、数据治理与管理能力成熟度等要求。

④工业数据建模标准：主要用于规范物理实体（如在制品、设备、产线、产品等）在网络空间中的映像及相互关系，包括静态属性数据描述、运行状态等动态数据描述、物理实体之间相互作用及激励关系的规则描述等标准。

⑤工业大数据服务标准：主要用于规范工业互联网平台运用大数据能力对外提供的服务，包括大数据存储服务、大数据分析服务、大数据可视化服务、数据建模及数据开放、数据共享等标准。

⑥工业大数据中心标准：主要用于规范工业大数据中心的功能架构、基础设施、分中心、资源管理、平台运维、用户授权、数据安全监测、数据汇聚、数据交换共享、数据应用、数据服务以及数据互联互通等要求。

3）工业机理模型与组件标准。工业机理模型与组件标准包括工业机理模型标准、工业微组件标准和工业智能应用标准。

①工业机理模型标准：主要用于规范工业机理模型开发、管理和应用等相关要求，包括工业机理模型开发指南、应用实施、模型分类、模型推荐及模型适配等标准。

②工业微组件标准：主要用于规范工业微组件的开发、管理和应用等相关要求，包括工业微组件参考架构、开发指南、应用实施及组件分类等标准。

③工业智能应用标准：主要用于规范工业智能应用的技术、管理和评价等相关要求，

包括工业知识库、工业视觉、知识图谱、深度学习、人机交互应用、工业智能场景、功能和性能评估等标准。

4）工业数字孪生标准。工业数字孪生标准包括能力要求标准、开发运维标准和应用服务标准。

①能力要求标准：主要用于规范工业数字孪生架构、技术和系统等相关要求，包括工业数字孪生参考架构、开发引擎与管理系统功能要求，数字孪生体在速度、精度、尺度、广度、安全性、可靠性和稳定性等方面的性能要求，以及数字化支撑技术、数字主线、数字孪生建模等标准。

②开发运维标准：主要用于规范工业数字孪生开发、构建和运维等相关要求，包括产品、设备、产线、工厂等的工业数字孪生开发流程、开发方法、建设指南、管理运维、数据交互与接口等标准。

③应用服务标准：主要用于规范工业数字孪生的应用、服务和评价等相关要求，包括产品、设备、产线、工厂等的工业数字孪生应用场景、数字化仿真、应用实施、服务模式、应用成熟度、管理规范等标准。

5）工业微服务与开发环境标准。工业微服务与开发环境标准包括工业微服务标准和开发环境标准。

①工业微服务标准：主要用于规范工业互联网平台微服务功能与接入运行要求，包括架构原则、管理功能、治理功能、应用接入和架构性能等标准。

②开发环境标准：主要用于规范工业互联网平台的应用开发对接和运行管理技术要求，包括应用开发规范、应用开发接口、服务发布、服务管理、开发和运行资源管理、开源技术等标准。

6）工业 App 标准。工业 App 标准包括工业 App 开发标准、工业 App 应用标准和工业 App 服务标准。

①工业 App 开发标准：主要用于规范工业 App 的参考架构、分类分级、开发方法和过程、开发环境和工具、开发语言和建模语言、接口与集成、组件封装等相关要求。

②工业 App 应用标准：主要用于规范工业 App 的应用需求、业务模型、应用模式（包括独立应用模式和组配化应用模式）和应用评价等相关要求。

③工业 App 服务标准：主要用于规范工业 App 的知识产权、实施与运维、服务能力、质量保证、流通服务、安全防护和应用商店等相关要求。

7）平台服务与应用标准。平台服务与应用标准包括服务管理标准、应用管理标准、工业互联网平台 + 安全生产标准和平台互通适配标准。

①服务管理标准：主要用于规范工业互联网平台的选型、服务和评价等要求，包括

体系架构、选型指南、监测分析、解决方案、区域协同、服务商评价、质量管理要求、度量计价等标准。

②应用管理标准：主要用于规范工业互联网平台的应用、管理和评价等要求，包括应用实施、应用评价以及基于工业互联网平台的平台化设计、智能化制造、网络化协同、个性化定制、服务化延伸、数字化管理等应用模式标准。

③工业互联网平台+安全生产标准：主要用于规范基于工业互联网平台的安全生产新型基础设施、新型管控能力和新型应用模式，包括数字化管理、网络化协同和智能化管控等"工业互联网+安全生产"典型融合应用实施方法标准，以及面向矿山、钢铁、石化、化工、石油、建材等重点行业开展"工业互联网+安全生产"建设规划、特定技术改造、应用解决方案、管控、数据应用等应用标准。

④平台互通适配标准：主要用于规范不同工业互联网平台之间的数据流转、业务衔接与迁移，包括互通、共享、转换、迁移、集成的数据接口和应用接口、数据及服务流转要求等标准。

5. 安全标准

安全标准包括分类分级安全防护、安全管理、安全应用与服务标准。

1）分类分级安全防护标准。分类分级安全防护标准包括分类分级定级指南、应用工业互联网的工业企业网络安全、工业互联网平台企业网络安全、工业互联网标识解析企业网络安全、工业互联网企业数据安全和工业互联网关键要素安全标准。

①分类分级定级指南标准：主要用于规范工业互联网企业及关键要素的分类分级要求，包括工业互联网企业分类分级方法、平台及标识解析系统的定级备案要求等标准。

②应用工业互联网的工业企业网络安全标准：主要用于规范应用工业互联网的工业企业的不同级别安全防护技术要求及其他要求，包括企业在工业互联网相关业务应用过程中应遵循的安全管理及技术要求。

③工业互联网平台企业网络安全标准：主要用于规范工业互联网平台企业不同级别的安全防护技术要求及其他要求，包括企业建设与运营工业互联网平台过程中应遵循的安全管理及技术要求。

④工业互联网标识解析企业网络安全标准：主要用于规范工业互联网标识解析企业不同级别的安全防护技术要求及其他要求，包括企业提供工业互联网标识注册服务、解析服务过程中应遵循的安全管理及技术要求。

⑤工业互联网企业数据安全标准：主要用于规范工业互联网企业在工业互联网这一新模式、新业态下产生或使用的数据的安全防护技术要求及其他要求，包括数据分类与分级、全生命周期安全防护等安全管理及技术要求。

⑥工业互联网关键要素安全标准：主要用于规范工业互联网中涉及的关键要素在设计、开发、建设及运行过程中的安全防护技术要求及其他要求，包括设备与控制安全（如边缘设备、工业现场设备和数控系统等）、网络及标识解析安全（如工厂内外网络、工业园区网络、标识载体及终端、标识节点及架构等）、平台与应用安全（如边缘平台、云基础设施、应用开发环境、工业 App 等）标准。

2）安全管理标准。安全管理标准包括安全监测、安全应急响应、安全运维、安全评估和安全能力评价标准。

①安全监测标准：主要用于规范工业互联网安全监测技术要求，包括应用工业互联网工业企业、标识解析企业、平台企业的安全监测技术要求或接口规范等标准。

②安全应急响应标准：主要用于规范工业互联网安全应急响应技术要求，包括工业互联网安全应急演练、应急预案等标准。

③安全运维标准：主要用于规范工业互联网安全运维过程中的安全管理要求，包括工业互联网安全审计、灾难恢复等标准。

④安全评估标准：主要用于规范工业互联网安全评估流程及方法、测试评估技术要求、评估指标体系等要求，包括工业互联网设备、控制系统、平台、标识解析系统和工业 App 等安全评估标准。

⑤安全能力评价标准：主要用于规范工业互联网企业、关键标识解析节点、平台及数据等安全能力参考框架、评价模型与指标体系等。

3）安全应用与服务标准。安全应用与服务标准包括工业企业安全上云、安全公共服务、"5G + 工业互联网"安全、密码应用、安全技术及产品应用标准。

①工业企业安全上云标准：主要用于规范工业企业接入工业互联网平台过程中的安全技术要求及其他要求，包括工业设备、系统、产品和数据等安全上云标准。

②安全公共服务标准：主要用于规范工业互联网安全公共服务提供方的技术要求及其他要求，包括威胁信息共享、安全众测及安全能力微服务化等标准。

③"5G + 工业互联网"安全标准：主要用于规范 5G 与工业互联网融合应用过程中的安全技术要求及其他要求，包括"5G + 工业互联网"网络技术与组网、"5G + 工业互联网"适配增强技术、"5G + 工业互联网"终端、"5G + 工业互联网"边缘计算、"5G + 工业互联网"应用及"5G + 工业互联网"网络管理等安全标准。

④密码应用标准：主要用于规范工业互联网应用密码过程中的技术要求及其他要求，包括设备、控制系统、标识解析系统和平台等密码应用标准。

⑤安全技术及产品应用标准：主要包括边界防护、安全分析、检测与响应、安全审计与运维、内生安全等产品技术标准及人工智能、可信计算、隐私计算等新兴技术应用

的安全标准。

6. 应用标准

应用标准包括典型应用和垂直行业应用标准。

1）典型应用标准。典型应用标准包括平台化设计、智能化制造、个性化定制、网络化协同、服务化延伸和数字化管理标准。

①平台化设计标准：主要面向产品设计、仿真验证、工艺设计和样品制造等场景，制定通用业务应用标准。

②智能化制造标准：主要面向工业企业的生产制造环节制定通用业务应用标准。

③个性化定制标准：主要面向个性化、差异化用户需求等场景，制定通用业务应用标准。

④网络化协同标准：主要面向协同设计、协同制造和供应链协同等场景，制定通用业务应用标准。

⑤服务化延伸标准：主要面向产品远程运维、预测性维护以及基于大数据的增值服务等场景，制定通用业务应用标准。

⑥数字化管理标准：主要面向企业内部管控可视化、市场变化及时响应、资源动态配置优化等各管理环节，制定通用业务应用标准。

2）垂直行业应用标准。垂直行业应用标准依据基础共性标准、网络标准、边缘计算标准、平台标准、安全标准和典型应用标准，面向汽车、电子信息、钢铁、轻工（家电）、装备制造、航空航天和石油化工等重点行业/领域的工业互联网应用，制定行业应用导则、特定技术要求和管理规范。

附录 D 2022 年跨行业跨领域工业互联网平台名单

序号	单位名称	平台名称
1	海尔卡奥斯物联生态科技有限公司	卡奥斯 COSMOPlat 工业互联网平台
2	航天云网科技发展有限责任公司	航天云网 INDICS 工业互联网平台
3	徐工汉云技术股份有限公司	汉云工业互联网平台
4	北京东方国信科技股份有限公司	东方国信 Cloudiip 工业互联网平台
5	树根互联股份有限公司	根云工业互联网平台
6	浪潮工业互联网股份有限公司	浪潮云洲工业互联网平台
7	用友网络科技股份有限公司	用友精智工业互联网平台
8	重庆忽米网络科技有限公司	忽米 H－IIP 工业互联网平台
9	阿里云计算有限公司	阿里云 supET 工业互联网平台
10	浙江蓝卓工业互联网信息技术有限公司	蓝卓 supOS 工业互联网平台
11	上海宝信软件股份有限公司	宝信 xIn^{3}Plat 工业互联网平台
12	深圳市腾讯计算机系统有限公司	腾讯 WeMake 工业互联网平台
13	华为技术有限公司	华为 FusionPlant 工业互联网平台
14	富士康工业互联网股份有限公司	富士康 Fii Cloud 工业互联网平台
15	北京百度网讯科技有限公司	百度开物工业互联网平台
16	湖北格创东智科技有限公司	东智工业应用智能平台
17	广东美云智数科技有限公司	美擎工业互联网平台
18	科大讯飞股份有限公司	讯飞 TuringPlat 图聆工业互联网平台
19	朗坤智慧科技股份有限公司	朗坤苏畅工业互联网平台
20	山东蓝海工业互联网有限公司	蓝海工业互联网平台
21	橙色云互联网设计有限公司	橙色云工业产品协同研发平台
22	天瑞集团信息科技有限公司	天信工业互联网平台
23	中电工业互联网有限公司	中电云网 BachOS 工业互联网平台
24	江苏中天互联科技有限公司	爱尚（ASUN）工业互联网平台
25	广域铭岛数字科技有限公司	广域铭岛－际嘉工业互联网平台（Geega）
26	华润数科控股有限公司	润联 Resolink 工业互联网平台
27	京东科技控股股份有限公司	京东 JD 工业互联网平台
28	摩尔元数（福建）科技有限公司	摩尔云工业互联网平台

注：表中内容摘自《工业和信息化部办公厅关于公布 2022 年跨行业跨领域工业互联网平台名单的通知》

附录 E 2022 年特色专业型工业互联网平台名单

编号	细分方向	企业名称	项目名称
1	面向重点行业的特色型工业互联网平台行业	山东胜软科技股份有限公司	云帆工业互联网平台
2		中电九天智能科技有限公司	中电九天半导体制造（FABOS）工业互联网平台
3		青岛华正信息技术股份有限公司	华正 Tunny PaaS 工业互联网平台
4		成都星云智联科技有限公司	星云智联海星工业互联网平台
5		安徽海行云物联科技有限公司	海行云 HiGOPlat 工业互联网平台
6		青海绿能数据有限公司	基于智慧能源中心的能源互联网生态圈关键技术及应用
7		维尔利环保科技集团股份有限公司	维尔利环保工业互联网平台
8		深圳市信润富联数字科技有限公司	金属精密加工工业互联网平台
9		天地（常州）自动化股份有限公司	采矿行业智慧矿山工业互联网平台
10		中建材玻璃新材料研究院集团有限公司	凯盛 AGM 玻璃新材料工业互联网平台
11		昆仑数智科技有限责任公司	梦想云助力油气企业数字化转型智能化发展
12		共享智能铸造产业创新中心有限公司	铸造云工业互联网平台铸造行业典型应用
13		北京中祥英科技有限公司	BOE 工业互联网平台
14		江苏波司登科技有限公司	品牌服装特色工业互联网平台
15		天津沄讯网络科技有限公司	益云工业互联网平台
16		广州中浩控制技术有限公司	美妆日化行业工业互联网平台
17		科大智能物联技术股份有限公司	AIMS 智能物流装备工业互联网平台
18		武汉亚为电子科技有限公司	亚为精益化 T-Cos 工业互联网平台
19		浙江文谷科技有限公司	文谷汽配行业工业互联网平台
20		中船重工信息科技有限公司	船舶零部件制造工业互联网应用平台
21		广州盛原成科技有限公司	盛云工业互联网平台
22		上海电气集团数字科技有限公司	面向能源装备行业的工业互联网平台
23		广西七识数字科技有限公司	广西机械行业工业互联网平台
24		海克斯康制造智能技术（青岛）有限公司	海克斯康慧新全智工业互联网平台
25		青岛檬豆网络科技有限公司	面向中小企业的供应链数字化平台
26		卫华集团有限公司	起重物流装备行业工业互联网平台
27		浙江第元信息技术有限公司	基于"5G + 工业互联网"的设计制造一体化平台
28		郑州煤矿机械集团股份有限公司	煤矿智能开采互联网平台
29		华能信息技术有限公司	AIdustry 工业互联网平台试验测试项目
30		九阳股份有限公司	九阳智能厨房电器工业互联网平台

（续）

编号	细分方向	企业名称	项目名称
31	面向重点行业的特色型工业互联网平台行业	天津铁厂有限公司	基于钢铁行业工业互联网的生产运营一体化管控平台
32		上海致景信息科技有限公司	"飞梭智纺"纺织工业互联网平台
33		软通动力信息技术（集团）股份有限公司	软通动力智能制造云链平台
34		中电星原科技有限公司	应急安全工业互联网平台
35		安徽古井贡酒股份有限公司	白酒工业互联网平台
36		山东欧乐食品有限公司	欧乐食品产业链云平台
37		国机智能科技有限公司	iSINOPlat 国机智能工业互联网平台装备制造行业典型应用
38		鞍钢集团自动化有限公司	精钢工业互联网平台
39		上海河姆渡实业发展有限公司	河姆渡工业互联网平台智能建筑行业典型应用
40		江苏金恒信息科技股份有限公司	金恒全栈式工业互联网平台钢铁行业典型应用
41		福龙马集团股份有限公司	智慧环卫工业互联网云平台
42		山东万腾云互联科技有限公司	木业工业互联网平台
43		江西电信信息产业有限公司公司	维盈 WINGplat 工业互联网平台
44		宁夏建材集团股份有限公司	基于工业互联网平台推动工业企业数字化转型解决方案
45		天津市新天钢钢铁集团有限公司	基于工业互联网技术的钢铁工业大脑
46		石家庄开发区天远科技有限公司	面向装备制造及商用车辆的工业互联网平台研发及应用
47		中化信息技术有限公司	"智能工厂+智慧 HSE"工业互联网平台
48		中汽研（天津）汽车工程研究院有限公司	电控研发与工艺检测工业互联网平台汽车行业典型应用项目
49		上海商米科技集团股份有限公司	商米 IOT 端云一体平台
50		北京同创信通科技有限公司	同创 XTCLOUD 工业互联网平台
51		广联达科技股份有限公司	数字项目集成管理平台
52		东方电气集团科学技术研究院有限公司	东方电气清洁能源装备制造工业互联网平台
53		江苏亨通数字智能科技有限公司	HioT 亨通工业互联网平台
54		银川华信智信息技术有限公司	倍值 7S 高端机床运营维护平台
55		浙江东经科技股份有限公司	包装产业数字化平台
56		浙江康立自控科技有限公司	康立纺织智慧工厂建设方案
57		山东渤聚通云计算有限公司	"睿家"工业互联网设备云平台

(续)

编号	细分方向	企业名称	项目名称
58	面向重点行业的特色型工业互联网平台行业	中信数智（武汉）科技有限公司	基于BIM模型的建筑工业（产业）互联网平台建设
59		广州智光电气股份有限公司	智慧能效管家工业互联网平台高压变频行业典型应用
60		江门云科智能装备有限公司	面向机械加工行业的iSESOL工业互联网平台数字化运营项目
61		深圳模德宝科技有限公司	模云模具工业互联网平台
62	面向重点区域的特色型工业互联网平台	工赋（青岛）科技有限公司	青岛市工业互联网企业综合服务平台
63		广东中设智控科技股份有限公司	中设工业互联网平台
64		广西云岭信息科技有限公司	广西工业互联网（云）平台
65		四川长虹电器股份有限公司	四川电子信息产业集聚区工业互联网平台
66		广州明珞装备股份有限公司	明珞智能制造大数据服务平台（MISP）
67		爱普（福建）科技有限公司	特定区域工业互联网平台
68		联通数字科技有限公司	银川市工业互联网平台（工业大脑）项目
69		河北中联钢信电子商务有限公司	中联钢信工业互联网平台
70		裕茂优科技秦皇岛有限公司	面向能源综合管理的云控工业互联网平台解决方案
71		江苏腾瑞智联数字科技有限公司	瑞联工业互联网平台
72		贵州百讯智汇科技有限公司	百讯智汇区域级工业互联网服务平台
73	面向特定技术领域的专业型工业互联网平台	欣旺达电子股份有限公司	欣旺达点链工业互联网平台
74		北京远舰智能科技有限公司	远舰帆林智能工业平台AI智能控制技术典型应用解决方案
75		安泰（霸州）特种粉业有限公司	特种合金粉末工业互联网平台粉末冶金技术典型应用解决方案
76		工业和信息化部电子第五研究所	基于"赛宝质云"平台的产品全生命周期数智化质量管理应用试点示范
77		中移（上海）信息通信科技有限公司	中国移动OnePower工业互联网平台
78		常州微亿智造科技有限公司	微亿Micro-i工业互联网平台
79		沈阳安新自动化控制有限公司	"安新云控"工业互联网平台
80		山东有人物联网股份有限公司	基于边缘采集的工业互联网大数据云平台
81		中国移动通信集团江苏有限公司	5G+双跨工业互联网平台助力企业数智化转型
82		北京赛博云睿智能科技有限公司	基于AIoT+云知识图谱+人工智能的工业互联网平台

（续）

编号	细分方向	企业名称	项目名称
83	面向特定技术领域的专业型工业互联网平台	宝武装备智能科技有限公司	设备远程智能运维平台
84		珠海格力电器股份有限公司	AI＋工业互联网平台
85		北京云道智造科技有限公司	基于 Simcapsule 的仿真工业互联网平台
86		北京航天测控技术有限公司	健康管理云服务平台
87		合肥中科类脑智能技术有限公司	类脑智能工业互联网平台
88		万洲电气股份有限公司	智能优化节能系统工业互联网平台创新项目

注：表中内容摘自《工业和信息化部办公厅关于2022年新一代信息技术与制造业融合发展试点示范名单的公示》。

参考文献

[1] 中野明. IT传：信息技术250年[M]. 朱悦玮, 译. 杭州：浙江人民出版社, 2021.

[2] 魏毅寅, 柴旭东. 工业互联网技术与实践[M]. 北京：电子工业出版社, 2017.

[3] 张学军, 王保平. 工业互联网浪潮[M]. 北京：中信出版社, 2019.

[4] 钟雨洋. 工业过程参数与故障相关性分析的量化关联规则挖掘研究[D]. 重庆：重庆大学, 2019.

[5] 毕键, 潘亚军, 王选伦. 高透明超大壁厚注塑产品设计与生产工艺[J]. 橡塑技术与装备, 2023, 49（1）：80-83.

[6] 何强, 李义章. 工业App：开启数字工业时代[M]. 北京：机械工业出版社, 2019.

[7] 西门子工业软件公司西门子中央研究院. 工业4.0实战：装备制造业数字化之道[M]. 北京：机械工业出版社, 2015.